正義之法

大川隆法 著

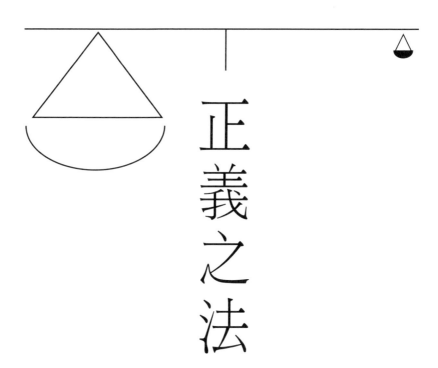

CHAPTER 2

CHAPTER 3

CHAPTER 4

正義的原理
—對於「個人的正義」與「國與國之間的正義」之的思考方法

前言

「正義之法」是一個頗有厚重感的主題。此為哲學永恆的主題，亦是政治追求做為永久革命之民主主義的根據。並且在宗教當中，那亦是追求「神的本心」之行為。

本書包含著形而上學以及觀念論的抽象議論，並以現代或者是說法日當天的國際政治學現象、日本的國內政治、媒體的論調為例，試著論述我所思索的正義。

幸福科學做為最新的宗教也論述著國際政治學，而我的立場維持一貫，如同蘇格拉底一樣，明確指出現代的「無知之知」。

本書到底是宗教類的書籍，亦或是政治哲學的書籍，依不同的讀者，應該會出現分歧的意見吧！

二〇一五年　十二月

幸福科學集團創立者兼總裁　大川隆法

贈言集①

何謂地球規模的正義？

若是要回答「何謂地球規模的正義」，
「世界的人們是否認爲那即是地球的正義」，
這亦是一個判斷基準。

世界當中有著眾多的國家，
每個國家都會以自己的國家利益爲中心，
面對國際發表言論。
當然，對於該言論感到不滿的其他國家，
亦會基於自己國家的立場展開反論、批評。
有時彼此的意見會變得對立、平行。
然而，大部分的情形，
都是一個有著巨大力量的國家成爲領導引導世界。
也就是該時代最強大的霸權國家所定義的「正義」，

成爲地球的「正義」。
此外，聯合國等國際社會多數同意的想法，
有時也會被認爲是「正義」。
然而，日本雖在世界上，長期位於能夠主導的立場，
但非常非常遺憾地
日本沒有向全世界發出確切的價值判斷。
若是該說的卻沒說，那眞的是相當羞恥的事。
人們思考的順序，應該如下。
首先必須明確出「這個國家該維護的正義到底爲何？」
若是該想法和其他的國家所定義的正義有所衝突時，
接下來才是思索下一步該怎麼做。
最後，每個國家的背後都有各自支持的國家，
和這些國家交換意見後，
再來決定何謂地球規模的正義。

節錄自《何謂地球的正義》

第1章

神並未沈默——何為超越「學問正義」之「真理」？

1 潛藏於「先進國家的學問」當中的問題

二〇一四年我出版了《忍耐之法》（中譯本《接受失敗的勇氣：在困境中，使我堅持下去的忍耐之法》九韵文化出版），二〇一五年則出版了《智慧之法》（中譯本，九韵文化出版）。那段期間，對日本、對世界，以及對幸福科學來說，均是一段「忍耐」的時期。

然而，若想要成就大事，勢必須得經歷那忍耐的時期。這在古今東西，不管從哪段歷史來看，均無例外。

獲頒二〇一四年諾貝爾和平獎的伊斯蘭十七歲少女馬拉拉，她所發表的獲獎演說內容，讓我印象深刻。

伊斯蘭教國家中的激進份子認為，人們應該「堅守伊斯蘭戒律，維持保守傳統。少女應該遮住臉龐，搭巴士上學成何體統！」，進而毀掉了四百間以上的學校。

她在諾貝爾獲獎演說中提到「為何人能夠輕易拿到殺人的槍枝，卻無法輕易拿到書本呢？可以輕易製造戰車，為何無法輕易興建學校呢？」

現今，隸屬於某個宗教的人們，為了能自由地接受教育，謀求自由選擇職業的權利，正積極地開展著活動；那也是一條需要開創的道路。

另一方面，在先進國家當中，無論日本或者美國，「人們接受教育的權利是否達到了理想的狀態？」對此我感到疑問。

現今有許多國家相信「遠離宗教、接受教育、學習技術、謀求職涯並活躍於社會之中」才是「幸福的方程式」。

然而，先進國家的人們似乎想要憑著教育亦或藉「學問」之名，抹殺掉神的存在，甚而有否定信仰的一面。

2 電影中所描繪的大學當中關於「信仰」之爭論

有一部美國電影，在日本上映時，電影名稱翻譯為「神死了嗎？」，其原始英文片名為God's Not Dead，若是直譯應為「神未死」。翻譯成日文時就變成「神死了嗎？」，與尼采所說的「上帝已死」十分類似。

電影當中描述，某所美國大學當中，學生若是想要選修哲學課，必須先簽名並寫下「神已死」，否則教授就不接受你選修該門哲學課。這部電影是在描繪現實當中實際發生的訴訟事件。

第一堂課，教授要求學生若不簽名寫下「神已死」，就無法繼續參加往後的課程。教授原本打算讓班上八十多位的學生寫下這句話，幾乎所有人都寫了，僅有一名男學生例外。他說「我怎麼樣都無法提筆，我是基督徒，所以我無法寫這句話」。

對此，教授回答「我沒否定信仰。在教會或家庭搞信仰就好了。這裡是大學，我的課堂教導的是哲學」。

不僅如此，教授還主張「哲學教授不可知論。所謂的天才們，都不相信什麼神不神的」，同時列舉了一大串名字為例，並說「大家都異口同聲地說神已死，學問從這開始。這堂課是講述人類知的極限，若是提到信仰，課就上不下去了」，完全不接受學生的說法。

「如果你不想簽名，那我給你機會，證明『神未死』、『神確實存在』。若你辦不到，那麼你只能拿到C以下的分數。但是如此一來，你就沒辦法進入法學院囉！」

該名男學生決心與教授抗爭，他的女朋友還抱怨道「怎麼那麼笨，不過是形式上簽個名，有什麼關係？我可是為了將來跟你結婚，刻意進到這所三流大學。結果你竟因為不簽名而拿不到好分數。如果你進不了法學院，那我們就分手吧」。結果他就得面對必須和女友分手的局面。

其後，他和教授在課堂上興起激烈的論戰。

教授舉出霍金的學說，「霍金在書裡第一頁便開宗明義提到『神已經死了』，對此你怎麼解釋？」這個學生回應「霍金在第五頁也提到『哲學也已經死了』。倘若霍金講的是對的，那麼也不需要教授你這門課了」。

在日本，這部電影屬於非主流。然而，幸福科學在二〇一四年確實經歷了類似的體驗。

狀況發生於幸福科學大學申請設立許可的過程間。宛如電影裡的情況，「若是想要修習學問、取得學位以繼續升學，或者找到好工作，就必須將信仰藏起來」；亦或是「必須對外宣言『神已經死了』」，我們自己就經歷了類似的經驗。

簡單來說，依照文部科學省（譯注：類似台灣的教育部）的說詞，「若是如同既有大學教授相同的學問，那就准予設立。但倘使以神或高級靈的靈言為教學基礎，那般學問是不存在的，便不准許設立」。這和電影情節幾乎是相同情形。（注：其後二〇一五年，「Happy Science University〔ＨＳＵ〕」改以「日本起源的正統私塾」之形式正式開辦）

主角以《聖經》為憑「證明神之存在」

另外，前述之美國電影當中，主角原本是孤軍奮戰，其後教會的信徒逐漸群聚起來，聲援支持信仰堅定的夥伴。最後，全班八十位左右的學生皆異口同聲主張「神並未死」、「神還活著」。雖然課堂很難繼續維持下去，但主角終究贏了與教授的這場漫長辯論。

電影的開頭提到，主角選課時，教務人員勸告他「別選修這門課」，改修另外兩個教授的課。教務人員還說了「你這就像隻身走進羅馬競技場和獅子決鬥一般，命絕對不保。所以最好別選這門課」。他們已然預見他會被釘在十字架上，因此好言相勸。

但主角卻拒絕了提議。並在最後使用聖經，成功證明了神的存在。

然而，當我們看回現實，要在大學裡以《聖經》為基礎來議論哲學或科學，基本上是很難獲得認同的。如此情況，美國或許已走到了瓶頸。

電影中，連同來自無神論國家中國的學生，最後都受其影響，相信了神的存在並開始有了信仰；原本屬於伊斯蘭教的女性，在辯論之後變成信奉基督教的神。總之發生了了許多現象，電影裡都有所提示。

3 唯有神有資格說「唯有這條路可走」

如馬拉拉所說，「期望社會終有一天容許女性能擺脫宗教的束縛，獲得自由、接受教育」、「期望將來有機會當上總統」、「希望能在明年夏天與母親一同歸國」（注：二〇一二年的槍擊事件之後，馬拉拉離開故鄉巴基斯坦，亡命至英國）。只不過，塔利班的激進份子已發出警告「妳敢回來，就把妳暗殺掉」，這對立態度著實令人感到害怕。世間仍處於混沌狀態。

我們所生存的這個世界，沒有任何事是完美亦或理想的，各自都有著缺點，亦有著優點，我們即是活在如此的世界之中。

前一陣子，日本有一場選舉。某位政治家競選期間高舉口號「唯有這條路可走」進而大獲全勝。（注：二〇一四年日本第四十七屆眾議院議員選舉上，自民黨的安倍總理高揭「恢復景氣，唯有這條路可走」之旗幟）。不可否認的，那也是一種做法。

只不過，「唯有這條路可走」的話，僅限神有資格說。若是人類主張如此說詞，就不得不說此人過於傲慢。

人只能從幾個選項當中，選出自己認為「比較好的」。相對地，若是神已明示其他道路，卻仍舊堅持「唯有這條路可走」，我認為那是錯誤。

4 現今神的聲音已然降臨

幸福科學的傳道始於「一粒麥子」

近來有兩個巨大的課題降臨至我們教團；教育層面上深究「何謂學問？」、「何謂大學」。同時在政治層面上思考「宗教是否能立足於政治？信仰是否能立足於政治？」這兩個巨大的課題目前正處於尚未解決的狀態。

然而，我必須要向各位強調。

凡事最初均不外乎一粒麥子。

我自己也是一樣。起初藉著降於我身的天上界的啟示，進而創立了宗教。之後我將我所得之覺悟與學習到的真理傳遞給人們，而相信這些內容的人們再向週遭人們傳達，幸福科學的規模因此逐漸擴大。

一粒麥子放在桌上，不管過幾年都還是一粒麥子。

拿這一粒麥子往外頭播，若是播在岩石上，肯定不久就會枯萎。

又例如落於貧瘠的土地，同樣結不出多少果實。

即便如此，若是落在肥沃的土地上，那麼自會出現百倍、兩百倍，甚至三百倍的麥穗。

這就是傳道的本質。所謂的傳道，就是心中宿有「真理的種子」之人，奉獻己身，於各自的立場上努力結出沉甸甸的麥穗。

很遺憾地，有時候麥子會落在岩石上，且因太陽的炙熱而枯萎。

或者有時也會落在乾硬的荒土上。

各位雖然拚命努力地想向下紮根，但是根部終究會枯萎，無法結穗。

然而，我相信各位當中一定有人，能將這真理的種子散佈給一百人、兩百人、三百人。

耶穌的時代唯有耶穌一人聽到神的聲音

過去，在《舊約聖經》預言者的時代當中，真正聽到神的聲音的預言者，也僅有一人而已。

唯獨那一個人聽見神的聲音，並廣為宣揚，對此相信的眾人又持續轉達出去，如此那內容才會流傳至現代。

耶穌的時代亦復如此，聽到神的聲音的只有耶穌一人。

並且人們廣為宣揚「耶穌聽到神的聲音，神透過耶穌講述話語」。

耶穌對人們說「見我所為即知天父所為」，但是不可能每位弟子都能做到相同的事情。

所以神唯有透過耶穌講述話語，而聽聞到那話語的人當中，相信那話語之人便將該當內容加以廣佈。

耶穌誕生之處據說是現今中東的巴勒斯坦、以色列一帶，那裡正是現在混亂四起，狀況十分不穩定的地區。

至今兩千年始終處於戰亂的地方，在哪裡誕生之人所講述的教義，現今已傳遞到歐洲、美洲當然也傳到了日本。

這些教義在幾個地方開花結果，自然也有些地方未見花信。然而，相信那教義的人們藉由傳道、廣布教義，於全世界增加了十幾二十億的信徒，這是無可否認的事實。

5 憑著真理突破「學問的極限」吧！

此世的「常識」已偏離「真理」

我每天也在持續播下真理的種子。

二〇一六年是幸福科學教團立宗（一九八六年）至今第三十年，若是從我大悟之年（一九八一年）算起，至今已有三十五年。最初的一粒種子，現今確實地獲得廣布。日本或者是全世界都在持續傳遞當中。

然而，相信各位也感覺到，廣布的規模尚不充分。

如同先前所提及，二十一世紀初期，人們視為「常識」的事其實遠離了「真理」。

在教育上，到達高等教育之程度，人們就認為在學校中「不應該出現信仰、佛神、真理這般宗教理論。不應該傳授無法以科學定義的內容」。如此想法對於那些膽怯於塔利班的伊斯蘭少女們來說或許算是福音。能夠逃離「必須掩面，害怕去學校上學」之境地，自然算是福音。

然而，若將信仰流放於教育之外，將會失去更多。

此外，近代的政治層面上，人們發明了許多政治技巧與原理。藉由那些原理，人們彷彿活在「沒有神的時代」，只透過人類自己決定所有的事物。那本身或許也是一種智慧。

的確，在過去沒有神的時代裡，國王曾經代替神統治國家，但是也有眾多人們因為暴政而深感痛苦。歷史上，或許暴君的人數反而比較多。

為了避免那般不幸的境況，人們建立了「民主主義」的制度。

只不過，一不小心就有可能產生，人所思考的事情破壞了神所創造之世界，破壞了神所創造的真理、宇宙規則的情形。

甚至在近代的啟蒙時代，近代政治學的潮流裡，人們將許多神或者是神明的化身送往斷頭台。

世間之人並未具備能夠判斷真實善惡的智慧。欲掌握真理，有時需要花上幾百年，甚至超越千年以上的時間。

「在現代當中，在同時代之間，可能遭受誤解，所以不要把那些話端上檯面，把真理藏起來比較好。把『槍』藏起來，以笑臉迎人為佳。」這樣的念頭在現代人之間或許並不稀有。

「把信仰藏起來，隱瞞神的真理，掩蓋宗教信條，追求職業生涯的成功，維持世間的和諧，這樣不是比較好嗎？」有很多人抱持著如此想法，在某種意義上，我也能夠理解。

然而，我仍感到很遺憾！非常遺憾！

「人類從何而來？」、「人為何生於世間？」、「為何創造了歷史？」、「為何現今仍舊存續？」若是無法針對這些疑問提出解答，安穩渡過這數十年有限人生就是至善之事的話，或者說如果這就是學問的極限的話，那我們就必須要突破並跨越那學問的極限才行。

我是如此認為的。

真理必須剛強不移

所謂的真理，不是依據世間贊成、認同之人數的多寡而決定。

真理是由天上界決定。

問題就在於世間之人能否接受那真理。

有時世間還會出現超過十億的人口被一個惡魔支配的情形。對於被那一個惡魔所支配的國家，手無寸鐵的學生們奮起對抗的情形亦在所多有。

面對那名為「強制驅離」的暴力手段，他們沒有任何勝算。謀求自由之戰有時會敗北、被驅散。

然而，曾經起身奮戰不會是白費氣力。

我認為挺身奮戰本身已成為「將邪惡攤在陽光下」的歷史性行動，並且「成為其他眾多國家的教訓」。

真理必須剛強不移。

世間常將抱持信仰、相信宗教之人視為弱者，並且誤以為這些人都很柔弱。

現代人常常認為信奉宗教之人既不懂得合理思索，亦缺乏科學實證精神，知性水準低落，並且認為那些人必須仰賴具備正統學問知識的人引導，跟無知的文盲沒什麼差別。

基於現代如此背景，尋求真理並掌握到真理的人們，一定得變得更堅強才行。

我們開展政治活動，至今已超過六年，遲遲沒有結出果實。

然而，我必須反覆地告訴各位。

原理就這麼一個。

一粒麥子能否變成百粒，變成兩百粒、變成三百粒，數量能否如此增加，這將決定傳道是否成功，宗教的規模能否擴大。

相同的道理也適用於其他事情上。

政治領域裡，講述神的真理的人，同樣需要增加一百人、兩百人、三百人，這是神的真理能否於世間成就之關鍵。

在教育方面亦不例外。

「相信真理的人不應該受到排斥，且透過生產出正確的學問成果，啟蒙世人」，強而有力地推動如此文明實驗，指引世人正確之道，才是正確的作法；對此我深信不移。

God is alive.（神還活著）

或許有人認為，啟蒙的時代早已超越所需，現代人已經取代了神，能夠明瞭所有的事情。

今世的學者當中，那些被稱為天才的人們，雖然沒有主張「神已經死了」，然而有時發言聽來彷彿在隱晦著「我就是神」。有些人在各自的領域當中展現出「自己就是神」、「不需要有神的存在，因為我自己就是神」的態度。

然而，這當中有一股巨大的傲慢之心。

傲慢之罪將「阻止進步」。

遼闊未知的領域於那些人的面前展開，他們卻視而不見，自認為自己即是最高的神。無論世上各個學問領域或政治領域，只要其中有著懷抱如此念頭之人，那麼該領域便無可避免地將走向絕路。

人必須要謙虛才行。在謙虛之中，未來之門才會開啟。

God isn’t dead.（神並未死。）

God is alive.（神還活著。）

God does keep silence, but God is alive and God is loving all the people of the world. I think so. Thank you.（神的確保持沉默，但是神還活著，且神關愛著世上所有生命，我是如此認為，謝謝。）

贈言集②

以智慧的觀點思索「愛」與「正義」

愛非常重要，
關愛他人是一件非常美好的事。
「關愛鄰人」非常地困難，
但非常地重要。
那在歷史上，是「神的命令」。
另一方面，我們認爲「正義也非常重要」。
全世界約有兩百多個國家。
數個國家之間，正興起眾多的對立，
那有時會發展成爲戰爭。
屆時，「何爲正確，何爲錯誤」，
就必須以普遍的觀點加以判斷。
此時就需要正義存在。

也就是說，愛雖然很重要，
但要給予他人什麼樣的愛，
必須得抱持著智慧考慮才行。
若是因爲惡靈的影響而導致惡事叢生，
則必須加以制止。
阻止惡行即爲善，那也是正義。

我們謀求著智慧。
應當透過智慧的觀點來思索愛。
特別在兩國的關係當中，智慧不可或缺。
然而，那是非常困難的事。
每個國家都有著固有的問題，
各有各的苦衷，因此十分困難。
但是我們還是必須得探究「何爲正確」，
並且透過「智慧的力量」，確立正義。
基於這層意義，
我們更應該思考「何謂愛」。

「對世間眾人的愛」及「單一對象的愛」有些相異之處。
不，應該有很大的差異。
如果因爲智慧的不足，而導致國家被破壞的話，
我認爲那就無法稱爲愛。
此外，因爲智慧的不足，兇惡的國家侵略他國，
進而讓眾人蒙受苦處的話，那就是惡。
此時聯合國及其他大國，
必須要阻止那般惡事。那就是正義。
我們容易將愛視爲「之於個人的事物」，
但是在國際政治上，發生戰爭或內戰之時，
必須要透過智慧的觀點謀求正義。

節錄自《Power to the Future》「Love and Justice」

第2章

宗教與唯物論的相剋

——是誰設計建構了人類的靈魂？

1 天變地異頻傳的地球

大約兩年前，我本預定前往泰國演講（原定於二〇一三年十一月十日）。然而，當地於活動前一個月遭受颱風直接侵襲，造成嚴重水災。不僅如此，超級強烈颱風更從菲律賓一路撲向越南。在如此狀況之下，演講計畫便告中止。

從地球自轉方向和當季的大氣變化狀況來考量，都難以想像那個颱風會有那種動向。通常颱風離開菲律賓之後，照理會朝正西方前進並於越南登陸，之後再前進至泰國上空，一舉侵襲包含演講預定會場在內的區域。然而，該超級強颱卻在途中轉了九十度，朝中國方向前進。

近年來，地球上發生多次水災，世界各地頻頻遭遇因大水或強風而產生的損害。我認為，這應該是伴隨著地上世間各種「變異」，天變地異也以各種型態發生。

順帶一提，在進行此次法話的講演早上，東京發生了地震。當時我正在洗澡，感覺到搖晃時，我一度考慮是否該裸著身子走出去（笑）。不過當下情況無法輕鬆視之，心想著「等一會兒應該會停」，隨後就平靜下來了。

颱風、地震、火山等各式效應相互糾結，感覺整個地球被某種不祥的氛圍覆蓋住。

2 如何才能終結宗教之間的對立？

面對宗教對立時的應對方式，因人而異

若論實情，幸福科學所對抗的對象即是世界當中唯物論。這不是一件容易的事情，稍一鬆懈，受唯物論影響的人數就會不斷增加。觀看現代的教育或者是工作的發展的形式，在在持續增加信奉唯物論的人數。因此，我們必須要加以對抗。

舉一個最典型的例子，我們可以來看看因發表《自私的基因》（The Selfish Gene）一書而知名的理察．道金斯。

二〇〇一年，伊斯蘭的蓋達恐怖份子，劫持客機衝撞紐約世貿雙子星大樓，引發震撼全美的「九一一事件」。據說理察．道金斯於此事件之後，決心撰寫《上帝錯覺》一書（The God Delusion）。事件過後，他認為「若是世界上不再存在宗教，說不定狀況會變得單純許多」，他針對宗教研究一番之後，將他思得宗教各種的錯誤寫進書裡，成了全美的暢銷書籍。

過去我也曾在紐約世貿大樓工作過，對於一個曾在那裡渡過青春歲月的我來說，「九一一事件」實在是一件非常遺憾且傷悲的事情。若是時期稍有不同，或許我就會葬身於瓦礫之下。

本來世貿大樓估計「堪使用兩百年」，租賃契約亦是以兩百年左右為基準簽訂，進駐大樓內的房客大多也抱持同樣的預期而遷入。只不過由於租金高漲，我曾任職的那間公司之後搬遷至紐約中城一帶，因此九一一事件期間並未受到損害。

以同一個事件為鑑，部分科學人士認為「世間不再需要宗教」，然而我反而認為「正因如此，世界需要嶄新的宗教」。

做為九一一事件背景的宗教對立，起因於古早建立的舊宗教之間（基督教與伊斯蘭教），由於雙方各有獨自的發祥源流，觀念與意見等等的差異，常常發生衝突。這樣的情況一路延續至現代，當世界進入如此文明錯綜複雜的時代，彼此矛盾之處變成了對立點，進而引發各種憎恨與戰爭。

因此，我認為此時正是揭示「天上界的意向」之時，宗教界亦亟需興起變革。這個時代需要嶄新的宗教。

即便世間發生了各種事件，但總有不同的看法與解釋。

幸福科學致力減少世間的各種對立

從那些討厭宗教之人的角度來看，有很多人認為「正因有宗教才會引發那麼多戰亂」。

然而，那些人之所以會有如此侷限性的想法，起因於人們過去累積而來的文化背景，以及那些原始的教義無法變更、僵化未解的關係。

信奉著原理主義，長期固守最初的教義，當社會發生變化，就會出現無法應對的情形，致使和週遭事物發生碰撞。並且，當出現了一個新的宗教，其內容常常會與其產生矛盾。

因此，我們正竭盡所能，希望能跨越這般宗教對立。

過去的宗教，一但經歷兩千年、兩千五百年甚至三千年，清楚地說，一定會出現眾多不合時宜的內容，對此我也正試圖加以修正。

要想要修正並非是件易事，勢必需要相當程度的權威才行，而現今幸福科學正試圖修正。

近兩、三百年來，科學急速發展，我們亦毫無否定科學之用意，也不認為宗教與科學兩相對立。老舊的宗教，其中必定有許多和現代科學相悖之處，但我認為，既然如此，就應該要教導人們未來科學，這麼一來，宗教與科學的對立就會逐漸降低。

也就是說，透過教導人們「未來科學的應有之姿」，宗教與科學之間的矛盾終將消弭，甚至可能協力合作。

因此，我們致力於融合因質性不同而相互衝突的事物，遇上因落後於時代變化而導致錯落的觀念，則興起革命，或者是從未來反觀現在，重新找出「應有之姿」。幸福科學懷抱的正是如此信念，努力推展活動，力求減少世間各式各樣的矛盾、混亂與誤解，或者是憎恨、對立。

現代教育無法教導「眼所不見之事物」

現代的教育當中，培育了眾多科學人士，在教育界裡亦有近半數的人出身於理科。這類背景的人所研究的對象，通常都是物質或物體等世間的東西，長期鑽研世間眼所可見的事物，對於「眼所不見之存在」的理解多有疏遠。然而，那單純僅是基於學習的不足，或是缺乏足夠教育所導致。

我認為致力於研究本身是件好事。

舉例來說，製造飛機的人，為了打造適當的機身，會針對材質或內部構造多方考量、進行研究，這是理所當然之事，更是必須努力的方向。

除此之外，例如製造車子也是一樣。舉凡車體的構造、「如何打造出兼顧安全與速度的車子」，亦或「如何創造出好的設計」等等，熱衷研究物體自是當然，我完全無意否定那樣的作法。

熱衷研究「物質」的確無妨，但於此同時，不可忘記「心」，並且不可忽略存在於深層的「靈魂」。人類絕對不可忘記做為靈魂的本來之姿，只侷限於世間之物。

關於「讓世間事物變得更便利」，幸福科學亦抱持相同態度，並致力於研究推展。我們希望新幹線能跑得更快、噴射機飛得更快，世間的事物變得更為方便，我們一點兒也不覺困擾。此外，我們也樂見食物豐足，也認為創造更多職業是樁好事。對於這些基本上我們抱持肯定的態度。

不過於此同時我必須強調，這樣的發展絕不能致使人類失去本心，或是忘卻真實姿態的靈魂之存在。

幸福科學正挑戰興起「世界革命」

為此，幸福科學在肯定世間發展的同時，亦持續推出靈言集系列叢書，拼命地向世間證明「靈魂確實存在」。如此動機非常單純，但在人類史上，不曾有多樣的靈的話語被如此系統性地傳遞至世間。

對此，若以不全則無（all or nothing）的態度來思索的話，在某種意義上，或許會將人類一分為二，被迫要去做出「是真亦或假」的判斷。

關於靈魂，人們很難自行加以確認其存在，想必有不少人因此不發表意見，選擇保持沉默。但是當回過頭來，日本漸漸地已被引導到不得不認同靈界存在的方向上。一次又一次的靈言累積，促使那般狀態漸漸成形。

若是有人反駁「那些靈言可以編造出來」，那麼我想請此人儘管編造試試，我想那應該是辦不到的。

我所降下的靈言內容，基本上全部都被公開，所以有憑有據。因此，那並非是安排一、兩百個人各自調查而逐一編撰成冊。如果是寫書之人，就會明白要完成那麼多書籍不是一件簡單的事。

順帶一提，最近常常以單日單次的法話內容編撰成一本書，內容皆十分紮實。若是寫書之人，應該不難理解僅以一次的演講，便構成一本完整的書籍，是多麼困難的一件事。而我正持續累積如此實證，以證明靈界的存在。

這是幸福科學還在進行的挑戰，我們正打算興起某種意義上的「世界革命」。

3 糾正小乘佛教的錯誤

信奉小乘佛教的人們相信「佛陀不會再誕」

綜觀現今世界，伊斯蘭教的世界因「自由化浪潮」而顯得搖擺不定。除此之外，佛教世界也開始多所動搖。

再看到印度的情況，不僅是幸福科學，新聞也報導過關於「新興佛教的信徒人數逐漸增加」的消息。這可以說是為了打破印度的種姓制度，終究需要佛教思想的協助，否則沒有其他方法。因此，當地對佛教的需求越來越高。

諸如斯里蘭卡及泰國等地，至今仍以信奉小乘佛教為主，但小乘佛教迫切需要基本構造上的改革。

小乘佛教忠實宣揚佛陀最初的原理教義，這點確實值得稱許，但當中仍不乏錯誤的解釋而留存至今的部分。

簡要來說，小乘佛教的問題點在於，若是教義走至極端，就會出現以下的謬誤。諸如「世間是惡魔所創造的世界，透過轉生輪迴生於這個世間，人生皆充滿痛苦，應該盡早開悟步入涅槃，不用再回到世間才是最好」、「應該將世間視為惡魔的世界，努力修行不用再回到這世界是無上的領悟。佛陀已入涅槃，所以不會再回到世間」。

若是確立了如此「信仰」，我就變得難以前往當地傳道。縱然我想要去泰國講演，然而高達百分之九十五的人對「佛陀不會再誕於世間」之教義深信不疑，在如此之地進行講演的確非常地難。

不過，若是全然否定那樣的說法，亦有困難之處。因為那般觀念已持續流傳兩千年以上，若是一概否定，難保不會破壞其傳統文化之根基。

日本與泰國同為佛教國家，雙方關係友好，在經濟方面亦相輔相成。此外，泰國的外資有三分之二來自日本。除了有必要維持這般友好關係之外，還需要建構一個能夠適當保護該國傳統文化的兼容思維。若是一股腦地主張「佛陀確實會再度誕生，你們信奉的小乘佛教有著錯誤的地方，還是捨棄掉吧！」，恐怕會徒生風波，所以需多花心思考量應從何種角度切入說明較為妥當。

無論如何，我本身佛教相關的書籍在泰國的翻譯出版進度有所落後，眼前需進一步推動泰文經典的翻譯速度，以讓當地人們有所認識。（注：其後的二〇一五年九月，出版了《大悟之法》、《佛陀再誕》、《釋迦的本心》等三冊書籍的泰文翻譯本。）

佛陀並未否定自身的「轉生」

斯里蘭卡同為篤信小乘佛教的國家，或許是因為距離印度不遠，當時我要去當地巡錫說法時，工作人員事前告知人們「婉拒認為佛陀不會再誕的人入場聽講」，然而現場來了眾多僧侶（注：二〇一一年十一月六日，巡錫斯里蘭卡，以「The Power of New Enlightenment」〔嶄新的覺悟力量〕為題，以英語進行了演講）。

另一方面，泰國人特別是男性，基於「必須於年輕時出家幾個月」的制度，幾乎都曾經歷過小乘佛教的修行。在那期間，人們必須剃光頭髮，身披橘色的布塊，托鉢化緣，並且遵照「不可結婚、不可碰觸金錢」等，那源自兩千五百年前的教義。

從那種角度來看日本或其他國家的大乘佛教，或許會感覺到十分墮落且不潔。對此，我認為必須要加以說服才行。所有事物皆有其本質的部份，和非屬本質的部份。終究還是要著眼於本質的部份，縱然在非本質的部份獲得成果，那也是徒然。

再怎麼致力遵守定規作法或瑣碎的戒律，卻錯過了本質之處，那就枉然了。譬如，如果將死亡回到來世、進入涅槃視為「無」的話，那麼如此想法就有很大的問題了。

佛陀所說的「終止轉生輪迴，於實相世界進入涅槃」的想法，換一個簡單的話語來解釋就是「本來世間即是虛假的世界，靈界才是真在的世界。我們暫時從實在的世界轉生至虛假的世俗世界，在這名為世間的學校中學習，並且讓靈魂獲得某種程度的磨練，之後再回到本來的世界」。這也就是在強調「另一個世界才是真實的世界」。

這並非是「世間不該存在」的意思，也不是「不可轉生到這個世界」、「不要再回到世間」等錯誤解釋。這並非是佛陀的見解，但人們有所誤會。

也就是說，若是將「靈界才是真實的世界」之概念，解釋為「世間皆是惡魔的世界、人不該轉生到這樣的世界」的話，那就是錯誤的看法，必須要予以導正才行。

針對這個部分，我正在思量該如何佈教才好。

以「覺悟之人將為救濟眾生而回到俗世」為念的大乘佛教

不過，有一點我不能理解，為何人們會那般抗拒「佛陀會回到世間」的想法呢？

如果佛陀不回到這個世間，到底誰會得利呢？這一點我想要問問各位。如果覺悟之後就絕對無法再回到世間，究竟有誰能獲得好處呢？

我想那就是會因佛陀說法而受害的人吧！那麼，「受害的人」到底又是誰呢？

也就是說，那種想法就等於承諾「不再插手惡魔的世界」。彷彿白紙黑字寫下「若是開悟了，就不會再插手惡魔掌管的俗世」之證書，親手交出去。

然而，那樣子的覺悟就太奇怪了。如此一來就變成了「既然已悟道，就不會再干涉惡魔的世界，也不會再回到這個世界」的狀況。

用一個現實的狀況來比喻，那就好像警察承諾「無論有多少竊賊入侵，我永遠不再靠近這棟房子」，這種想法真的很古怪。

我想這在佛教經典編撰過程，亦或是教義推廣過程中，所發生解釋錯誤的狀況。

再加上，這又和近代唯物論逐漸抬頭之背景相互融合。這也就是說，越來越多的人認為唯物論比較科學，並且覺得「『靈魂確實存在』的說法違反科學，讓人感到不好意思」、「抱持信仰心是很一件讓人害羞的事」，進而出現解釋失當的情形。

因此，即便像泰國等國，有百分之九十五的國民是小乘佛教徒，但仍需要透過某種形式給予一記「當頭棒喝」。

喊著「不希望佛陀再次轉生到這個世界」的人，彷彿是受到了惡魔的支配，這些人會因為佛陀再度轉生而感到困擾。然而，為了拯救世人，如果講述教義之人沒有不時地來到世間遂行工作的話，反而就傷腦筋了。

對此，淨土真宗教派所講述的教義則是「獲得覺悟之人沒有必要為了修行返回世間，但仍基於慈悲眾生之心念，為了拯救眾生而回到這個世界」。

如此說法，可以說是大乘佛教當中的教義的修正，基本上那麼認為是沒錯的。世間當中或許有眾多不淨與痛苦，然而，亦不該一股腦兒地將其捨棄，身於不淨之世，致力於淨化世間亦是重要的工作。

就像這樣，在汙泥當中讓蓮花綻放亦是重要的工作，希望人們能認識到「佛陀並未放棄這個世界」。

4 是誰設計了進化的機制？

「基因就是靈魂的實體」之科學家的謬論

若是從唯物論者或科學思維傾向之人的角度來看，或許可以各種形式，揭露出許多過去宗教的「錯誤」。

譬如，先前提及的科學家理察・道金斯，於九一一事件之後所出版的書籍當中，就對基督教多有抨擊。

他在書中寫了以下的內容：「不管是何種醫生或者是生物學家，有本事的話，證明以下的事蹟。身為處女的瑪麗亞如何生下耶穌基督？如果此事為真，那麼透過基因鑑定，耶穌基督的基因就只會有來自女性的遺傳基因，而全無男性的基因。這一點有誰能證明嗎？」

此外，他還寫著：「聖經記載『耶穌讓人死而復生』，身為醫生或生物學家的人，能從科學角度將其認定為事實嗎？」、「『耶穌入土三天後復甦重生，出現在眾人眼前，如常行走、吃飯』的記載，有哪位醫生能夠對此證實？人類有可能辦到這樣的事嗎？並且，『不僅復活重回人世，其後又飛上高空消失』的說法，這能夠相信嗎？」諸如此類的說法，在理察・道金斯的書中多次出現。

當然，隨著時光的積累，故事難免會被擴張解釋為神話，但我認為不應該刻意僅在那方面挑剔議論。

相反地，我們也可以說出以下的論點。

在現今這個時間點上，要去證明耶穌的基因裡究竟有無來自父親的遺傳因子，是極為困難。不過，這位理察．道金斯還主張「基因就是靈魂的真面目。基因不斷地交互連結衍生，在男女雙方之間的轉生至世間，所以靈魂的真面目就是基因」。針對如此說法，我必須要說「且慢」！基因的理論是二十世紀之後才出現的概念，無論人類理解或不理解，那自初始就是存在的。

母親的肚子並非像工廠一樣，有智慧機器手臂在組裝製造出胎兒，也沒辦法事先設定好程式，將「希望嬰兒長成這樣」的設計圖輸入主機製造。雖然不知是怎麼一回事，總之胎兒就是會出現於母親的肚子裡。若是問到「能否解釋如此不可思議的情況」，那也不是一件簡單的事。

不管明不明白到底何謂基因，關於為何人能產下嬰兒，而嬰兒又能長大成人的系統，終究無人能徹底說明。

在那般進化論的理論當中，很多部分都只能用「累積多番巧合與偶然而產生」來解釋。

活於世間的所有生命，都有其目的性

然而，世間所有的生命，都有著各自存在的目的。「因有如此目的而被創造」，是可以觀察出那般「被創造出來的痕跡」的。

所謂的「被創造」，也可以視為基於某種設計圖而被創造。那麼，那「設計圖」又是誰創造的呢？究竟是誰基於設計圖，讓人類能夠這般行動、生活的呢？對此，誰能夠準確說明呢？光是塵埃堆積或是微風吹過，是不會變成這樣的吧？

「在原始的大海裡，蛋白質聚結成塊，之後開始活動，進而演化成人類」，如此說法太過於跳躍，就連我也難以相信。世間普遍相信原始的地球是相當灼熱，地表滾攪著驚人的高溫，火山持續噴發出烈焰，四處覆滿岩漿，整個星球處於高熱的狀態。於如此環境之中，很難有生物活動的痕跡。

如果說是從外太空飛來隕石，其中挾帶著細菌，並於墜落的地球上發生進化，也不可能一路巧合演化成為現在的人類。

因此，要強調「證據主義」也無妨，就算是認同出現了某種進化，但其背後一定存在著一定的合理目的性。「一定有某種存在對此加以設計，並思索其劇本」，如此說法應該是無法加以否定的。對此全盤否定的看法，我認為有很大的問題。

5 協助處理「死亡」的宗教有其公益性質

「定義死亡」極其困難

那麼，《聖經》當中所提及的「死者復活」是怎麼一回事呢？是否能認同那般說法，在現代的醫生當中，有人對此即認同。譬如，東京大學的一位教授就曾將「人類的本質即是靈魂」寫進書裡，並刊登了報紙廣告。

此外，確實會不時出現人類死而復生的情形，醫生的死亡判定有時也會失準。死亡的定義極為困難。沒有理由所有的人都得在醫院裡死亡，「死亡」的判定有其困難之處。

一如我所敘述的，「靈魂與肉體以靈子線相互連接之時，人還是活著的，是有可能復活的」，如此想法在柏拉圖的時代尚屬普遍，但到了現代已不為人們相信。

因此，「靈魂與肉體相互連結」的如此人類基本構造，現代科學都無法解釋，要拿來判斷世間所有事情，著實有其問題。我認為現代科學有必要針對這方面深入鑽研才行。

此外，精神醫學也似乎停滯於頗為幼稚的階段，該領域也必須進一步學習。

宗教設施是「與靈界交流之地」

世間事物會因光芒照射方式的不同，而會呈現不同的樣貌，對此不可不知。如同先前所述，現今既有從科學觀點出發的唯物論，在佛教傳遞的過程當中，亦流行著「人死後一切都化為虛無」的說法。

現代土地昂貴，要建造墳墓變得越來越難，因此那般說法就剛好符合人們的「需求」。譬如，因為「人死後一切都化為虛無」，所以將骨灰撒在山裡或海裡，如此自然葬的做法應運而生。的確，這麼一來就不需蓋墓，費用比較便宜。

就像這樣，只要相信「人死一切都化為虛無」，的確在經濟上有其合理性。畢竟至少能省下數百萬日圓的開銷，從經濟面來看，也不是無法加以理解。

然而，即便西洋與東洋的墳墓形式多有不同，但其共通點即是有著「天線」的功能。簡要來說，世間之人能夠透過掃墓、祭祀牌位，藉由供養的形式，能與在天上界或地獄界的往生之人，產生心靈上的交流。在這層意義上，墳墓或靈園其實是非常重要的。

一般人並非是靈能者，所以心中所想之事，通常無法立刻傳達給往生之人。但是，譬如「於盂蘭盆節妥善供養」、「於忌日進行供養」的話，往生之人既抱持著期待，世間的家人亦有著想要供養之心，於靈園或墓地等固定之處進行供養的話，雙方的心意就會連結在一起。彷彿透過電話線連接兩地之人，讓彼此的心情相通。

實際上，人死後回到另一個世界，依然有另一個世界的工作，所以理論上他們也很忙碌。但有時候還是會想起子孫的狀況，惦記著「不曉得他們過得如何？」、「現在都在做些什麼呢？」等等。在這個時候，如果世間之人參加供養祖先等儀式，即能讓雙方見到彼此，重溫過去的記憶。透過那般儀式，故人亦能記得好幾十年的事情。然而，間隔幾十年之後，就會漸漸忘卻世間之事。

從這層意義上來說，在自己的家人還活在世間之際，確實地保留日後能與世間連絡的方法實為上策。

譬如，幸福科學的東京正心館等精舍、全世界各地的支部、來世幸福園（靈園）等宗教設施，即是一種「與靈界交流之地方」。

因此，那並非是一件虛無之事。現實當中的確出現了與靈界之間的交流。就這層意義上來說，宗教具有著極大的「公益性質」，但有很多人無法認同這般眼不可見的公益性。

現今行動電話或智慧型手機之類的物品，一上架就能在全球轉眼間創造幾千萬台、幾億台的銷量，但對於人類來說，非常重要的基本概念卻無法如此迅速傳遞，並且有很多人加以懷疑、無法相信。為此，我感到非常遺憾。

現代的知識分子不明白「單純真理」

跟過去的人比較起來，現代人在很多方面都變得十分機靈，也比較聰明。腦筋轉得快且知識豐富，這點毋庸置疑，但是卻對於單純的真理一無所知而活著，這實在是非常遺憾。

所謂的真理其實是很單純的，簡要說明如下：「人死後即回到靈界，以靈魂之姿生活，靈界即是本來的世界。然而，人還是常常再次回到世間」、「人在世間進行靈魂修行，終將脫離肉體，經歷葬禮之後再回到那本來的靈界。並且，靈界當中的人，總是看顧著世間人們。」

然而，從世間來看非常聰明的人，或者是有各種輝煌成果的人、得到各種獎狀的人，不明白這般「單純的道理」。大部分知識分子的認知，都停留在原始人的萬物有靈論，或者是過去人類崇拜大自然之心態的延續。

而我現今所做的就是在證明，他們以為純屬妄想的事情，其實並非是妄想。

這是一場戰役，但真理絕對不會敗下陣來。

全世界有各種各樣的宗教，相信宗教的人數壓倒性地多於沒有信仰的人數。

但是，在宗教當中亦有許多矛盾之處。以現代的角度來觀察歷史古老的宗教，總能發現眾多矛盾，但如果能加上適當的解說，並且適切地教導「教義的哪些部分可以加以變更」，世人便能容易理解。

在古老的宗教教義中，有許多未必一定得堅持的部分，但也的確存在著不容忘卻的共通概念。

6 抱持著皈依「神聖存在」之心

比爾·蓋茲看透「電腦不足以拯救世界」

本文至今論述了諸多事例，但基本上幸福科學是朝著「自由」的方向，引領這個世界。

無論是對於現代，或者是對於未來，皆是朝自由的方向開展，但其中蘊藏著「普遍性」的不變真理。關於「人類根據真理而生活」，具有著一定規範，對此希望人們能各自遵守，並且不要搞錯應走的方向。

現實當中的確存在著，因為搞錯了方向，如今身處地獄當中痛苦之人。因此，希望各位能夠認識到，如果人生搞錯了方向，即便在世間如何名聲顯赫、頭腦優秀，或者是坐擁財富，終究還是沒有用的。

我曾經在某份英文報紙上，看過關於比爾·蓋茲的專欄報導。

現今比爾·蓋茲已卸下微軟公司在經營職位，致力於財團方面的工作。他每年提供約四千億日圓以上的金錢，於亞洲、非洲的各個貧困地區，提供醫療、糧食方面等資源，以及打造民生基礎建設。四千億日圓以上的金額，感覺像是具備了遙遙超越一般宗教的力量，那是他將過去存下來的錢，透過財團加以運用。

比爾·蓋茲曾發表以下的意見：「有太多人還不知道，光是靠電腦是無法拯救這個世界的。現今生活在電腦世界的年輕後進們，似乎認為『藉由電腦的力量，世界就能發展、富饒』。但不可不知，實際上即便安裝了電腦，還是有很多人是無法獲得拯救的。」

這也就是說「電腦救不到非洲那些因缺乏糧食而死之人。也無法幫助因醫療資源匱乏而死之人。電腦沒辦法醫治罹患小兒麻痺症之人。也無法讓污水轉化為淨水，救不了那些腸胃出問題的人。這些都是電腦無法拯救的事」。

此外，或許電腦在印度開始普及了起來，但是一去到距離城鎮三英里之遙的地方，電腦便再也派不上用場。那裡是物資嚴重不足，許多東西均顯匱乏的世界。

基於如此背景，比爾·蓋茲曾說過：「縱然創立『臉書』的馬克·祖克柏認為『一旦透過網路讓五十億人連結起來，世界將有大幅的改變』。但實情並非如此，他並未看到社會的實際狀況。」

就樣這樣，比爾．蓋茲察覺到世上還有許多電腦或網路無法解決的問題，他逐漸抱持著某種宗教的情懷。

或許那也是因為他曾受到史帝夫．賈柏斯的批判，所以才深感惶恐。因此才將往年存下來的大筆財富回饋於社會。

就像比爾．蓋茲所做的，的確財富能成為拯救世界的力量，對此我不會全盤加以否定。

不可忘卻追求「崇高存在」之心

我們於世俗價值觀的戰鬥，和以往相比，最近三十年左右確實有不少進展。然而，這股影響力尚未遍及日本全國所有角落，也尚未成為能夠一舉拯救世界的力量。

不過，藉由幸福科學所推展的活動，如今伊斯蘭文化圈、羅馬梵諦岡，以及信奉唯物論的中國，在整體的觀念開始出現動搖，這是不爭的事實。

全人類正要迎向下一個時代，人們認為那些如海市蜃樓般的事物是實際存在的想法，將會於世界各地同時瓦解，「嶄新的世界」正逐步形成。

為此，我們正透過「於宗教本道上的戰鬥」、「政治上的戰鬥」、「經營、經濟上的戰鬥」、「教育改革上的戰鬥」，以及「於世界各地推動各種活動的戰鬥」、「透過藝術的戰鬥」等等，以各種方式改變世界的未來走向。我們的確帶來了不小的影響，但力量尚且不足。

現今的學校教育以及社會人士的職業教育，總是有著讓信奉唯物論者增加的傾向。

那是因為人們缺乏靈性知識，以及社會的氛圍讓人無法在人前講述宗教或信仰，進而有著加以隱藏起來的傾向所致。

有一部名為《聖哥傳》的漫畫。內容描繪佛陀與耶穌住在東京的立川區，過著與常人無異的生活。這部作品或許在日本頗受歡迎，但是國外似乎有人憤怒於「那是一種侮辱」。

或許日本人會感到很有趣，但就我而言，我感覺到那部作品「過於放肆」。

譬如，當中描述到小孩子認為佛陀額頭上的白毫是其「弱點」，並朝著該處彈射橡皮筋。縱然正面地來看「總比沒任何知識要來得好」，但我仍舊感覺有些過分了。我認為人們應該察覺到，這樣的內容水平過於低落。

人們尚需要具備更多的皈依「神聖存在」之心。

對於眼所不見之物，或許用研究用的高倍數顯微鏡也見不到，用望遠鏡同樣也看不到，但如果因此忘卻了萬事萬物背後皆有著尊貴之心，那麼就等於人類喪失了最神聖的部分。那是因為，那般態度等於把自己的水平拉低到與動物齊平，甚至比動物還低的機械水平。

面對如此「招致沉淪」的狀況，終究還是不可忘記「主動追求崇高存在」的重要。

希望將未來導向至「光明自由的世界」

目前，我們和唯物論思想的戰鬥仍持續進行中。

雖然現今中國的經濟逐漸自由化，宗教仍受到國家嚴密監視。但據說在檯面下，地下教會的基督教徒增加到一億人，因此我想那樣的箝制很快就會崩盤。

在那過程中，我深切希望幸福科學的信仰，亦能在中國得到廣布。其用意不在於擊倒他們，而是為了拯救他們。

此外，韓國現今亦處於無明當中，北韓也是一樣。其他諸如中國掌控之下的眾多自治區，到處興起了獨立運動，此為進入網路社會之後的現象。

現今中國進行著侵略，並霸道支配著諸多地區，同時又成天拿「七十年前的日本是那般惡劣的國家」來當藉口，不讓他國插手自己現在所做的事，這從世界層級的觀點來看，著實欠缺公平性。（注：關於日本軍隊於第二次世界大戰戰鬥的意義，已透過眾多靈言、靈性解讀反覆驗證，並將其出版成冊。參照《大東亞戰爭的真相—印度帕爾法官的靈言》（幸福科學出版發行）、《公開靈言—東條英機敘談「大東亞戰爭的真相」》（幸福實現黨出版發行）等）

若是中國堅持那等主張，就應先歸還那些自己侵略的地方，並且完全使其自治，之後才有立場指責「日本人過去犯下了那般惡行」。我認為這樣才公平，之後他們要怎麼說都無妨。然而，對於自己的行為避而不談，擺出一付「日本做了壞事，但是我們沒有做」的態度，這是做為人來說，完全不可取的事。

這些現今持續發生的問題，也是我力圖對抗的對象，並且我強烈希望將未來導向至光明自由的世界。

過去的希特勒最為厭惡的字詞就是「自由主義」。所以，我絕對不會捨棄這四個字。換言之，我會持續站在和他們相反的一方，持續發表言論。

希望各位能理解我的想法，勿生誤解。

贈言集③

做為個人正義之基準的「六大煩惱之檢視」

若想知道對方是否被惡靈附身，
可從「貪、瞋、癡、慢、疑、惡見」之「六大煩惱」來判斷。
「貪」即是貪欲。
那會讓人感覺到「此人眞是欲望強烈」。
「瞋」即是突然地發怒，說生氣就生氣。
「癡」即是愚癡，
也就是蘇格拉底所說的「無知」。
即爲徹底不知曉眞理的狀況。
「慢」即是傲慢。
自以爲是，動不動就覺得自己很厲害，
說著「我很偉大」的話語。

「疑」即是懷疑。
記者當中有人對任何事均疑心重重。
縱然懷疑的態度，在某種程度上，
亦是爲了發現眞理的手段之一。
但若是對什麼事皆懷疑的話，基本上人際關係就無法成立了。
疑心重的人勢必有過當的一面。
「惡見」即是抱持著錯誤的信仰，
或者是拘泥於錯誤的哲學思考、錯誤的信條。
譬如，就像是理所當然地說著「馬克思即爲神的化身」。

對照「貪」、「瞋」、「癡」、「慢」、「疑」、「惡見」，
與對方好好地談話，
仔細思索對方符合哪一項。
若是認爲對方有些觀念特別異常，吻合於兩三個項目的話，
大抵即可以判斷對方已被惡靈附身。
若眞是如此，還可以向對方說：

「你在某些方面出現了錯誤，或許被惡靈附身了」、

「建議你可以多學習眞理」、

「如此一來，你的心境就會變得輕鬆，惡靈即會離去，

你會變得開朗，並可感覺到光明照射進來」。

這也可算是一種人生諮詢。

就像這樣，以六大煩惱爲基準爲對方檢視，

即能像是以人生諮詢的方式，引導對方走上正途。

在六大煩惱的觀點當中，

有著可用來做爲個人「正義基準」的部分。

節錄自《正義的原理》Q&A

第3章

始於正確之心的發展

──以「正義」的觀點檢視「政治與經濟」

1 於伊斯蘭文化圈發生的兩樁事件

於巴黎「恐攻事件」之後所收錄之「穆罕默德的靈言」極度激進

本章以「始於正確的發展」為題，這不是一個簡單的主題。回顧二〇一五年，從年初開始，接連發生與伊斯蘭圈有關的各種事件。

關於發生在巴黎的「查理週刊攻擊事件」（注：不滿於雜誌社持續於週刊持續刊登以穆罕默德為主角的諷刺漫畫，伊斯蘭激進組織於二〇一五年一月七日發動恐怖攻擊。包含兩名警官，共計十二人被殺害），我降下了穆罕默德的靈言，並發行成冊（注：二〇一五年一月十五日收錄「穆罕默德的靈言」。參照《穆罕默德啊！巴黎是否已陷火海——表達的自由V.S伊斯蘭的信仰》〔幸福科學出版發行〕）。

穆罕默德的靈言內容相當激進，在場的幸福科學總合本部的職員們，聽聞之後也大受震撼，甚至呆然僵直了好一陣子。

我不禁深切感慨，那真是十分難解的問題啊！

特別是日本人，長期受到一種獨特的思考方式薰染，所以難以接受其他迥異的想法。這部分確實很棘手。

該如何看待「伊斯蘭國」引發的「日本人人質事件」？

巴黎的事件發生後約兩週，接著又發生了「伊斯蘭國」所興起的「日本人人質事件」。

「伊斯蘭國」綁架兩名日本公民做為人質，聲稱「若是日本政府未在七十二小時內支付兩億美金的贖金，就要殺害兩名人質」，並將其錄製成影片，公布到網路上。隨後，日本政府為此事搞得焦頭爛額（注：被捕為人質的湯川遙菜與後藤健二，接連被殺害。兩人的靈魂於二〇一五年二月二日造訪幸福科學的教祖殿，透過「靈言」講述了自身的想法。參照《藉由高等靈媒徹底驗證—揭開「伊斯蘭國」日本人人質事件的真相》〔里村英一・綾織次郎編著，幸福科學出版發行〕）。

我希望藉此機會，針對這個問題進行理論的論述，逐步整理對此問題的想法，應當十分重要。

巡訪中東四國期間，安倍總理提及「伊斯蘭國」

這樁人質事件看似發生得極為突然，原因不明且難以理解。一般來看，媒體的報導方式，也大致無異於日本國內發生之綁架並要求贖金的事件。可以感覺到，大眾對於人質事件的觀感，恐怕與國內過往所發生的綁架事件沒有多大差別。

然而，這是在安倍總理巡訪中東四國期間所發生的事件。選在安倍總理待在中東地區的時候犯案，我想那下手時機是事先安排好的。

安倍總理在埃及的記者會上，發表將援助與「伊斯蘭國」交戰的周遭各國，總金額約兩億美金左右。這段聲明當中，提及了「希望藉此能抑止『伊斯蘭國』所帶來的威脅」的話語。

我認為，如此話語確實帶有脅迫「伊斯蘭國」之意味（注：安倍總理的發言為「日本援助伊拉克及敘利亞的難民與流離失所之民眾，以及援助土耳其及黎巴嫩，是為了希望能藉此多少抑止ＩＳＩＳ（伊斯蘭國）所帶來的威脅。包含人才培育、民生基礎建設，日本承諾將援助與ＩＳＩＳ交戰的周邊各國，總計約兩億美金」）。

然而，當挾持事件發生之後，日本政府強調那是「非軍事方面的援助」，並且慌張地試圖取消那些承諾。

人質事件相關的新聞報導，是在安倍總理身於以色列時發佈的，而總理本人是在一月二十日的下午兩點五十分左右（日本時間）收到報告，於飯店房間裡觀看人質的影像。

日本主要大臣們的守護靈們前來找我商談

不巧的是，幸福科學當天（二〇一五年一月二十日）在朝日新聞的早報，刊登了超過三分之一版面的書籍廣告《穆罕默德啊！巴黎是否已陷火海——表達的自由V.S伊斯蘭的信仰》，而當天下午便發生了挾持事件，當下我不禁想「越是棘手的時候，越會發生棘手的狀況啊！」

並且，雖然我認為光是靠這本書，恐怕還不足以說明整件事件，但之後又有行事活動要舉行，當時我沒有餘力能接連出版相關的書籍，再加上事件很有可能在三天內告一段落，因此我並沒有立刻發表任何談話。

就像這樣，幸福科學難得一次沒有在重大事件後發表任何消息，緊接著在一月二十二日中午過後不久，正聚集在首相官邸討論對策的各部會大臣們的守護靈，接連地來到我這邊尋求商談。

由於大臣們曾在記者會上說「會使用各種手段，以解決問題」，那麼守護靈們來找我商量，勢必也是「各種手段」當中之一。

那並非是大臣們親自打電話來，而是他們的守護靈勞心焦思地，前來尋求我的意見，希望我回答「到底該怎麼做是好？」

當然，安倍總理的守護靈也現身了，官房長官（相當於內閣秘書長）及外務大臣（相當於外交部長）的守護靈也前來了。但是最早來訪的則是下村文部科學大臣（相當於教育部部長）（說法當時的職位）的守護靈，並且樣子十分孱弱。

我問他「為何你感覺如此虛弱？」，對方回答「其實最近很是困擾，我周圍的人都對我說『該不會是你（下村文科大臣）的作為，而導致出現了什麼報應吧？』」（注：此話應是指幸福科學於二〇一四年申請成立幸福科學大學，而遭受文部科學省駁回一事）。

其他人士的守護靈則是提出了許多的疑問，譬如「此事該怎麼看？」、「此事該怎麼處理比較好？」。但我一律回答「這次我無意置評」。我想本會有權利表達抗議的權利。

由於至今的模式，大抵不出由本會率先背負著風險應答，並對外說「該如何如何處理」，並在說服媒體之後，政府才悠悠地採取行動，並宣稱「我們成功解決囉！」所以，這次我對他們說「你們偶爾也該自己思考、判斷並負起責任。如果本會說『該怎麼怎麼做』，最後就會變成本會的責任對吧？」

就以往來說，通常我提出意見，政府如實照辦之後，媒體自會安靜下來，大部分時候不會對政府的判斷多加抨擊，所以我當時想「這次政府又想重複這種模式吧！」我很明白他們希望我針對這個事件進行說法。

因此，我打定「這回得比毅力了」的主意，抱持著「請你們自己用腦袋想想」的主張，回絕他們守護靈們的要求。

只不過，終究還是有幾個「需要抱持的基本心態」，以下即是要對此進行論述，以供參考。

2 檢討日本政府針對「人質事件」的應對方式

安倍總理的「日本式記者會」讓「伊斯蘭國」苦惱

安倍總理巡訪中東期間，「人質事件」的新聞傳開之後，他便立刻於當地（以色列）召開記者會，此乃十分稀罕之舉動。

記者會上安倍總理強調的首要之事為「以尊重人命為第一優先」。其次則主張「絕不屈服於恐怖勢力」。當時他提出了這兩項主張，但是對於「那麼具體來說，您有何打算？」之提問，卻未給出回答。

這其實是非常日本式的對應，但似乎總理和日本政府並未自覺到，那般對應其實很日本式。

我能以局外人的角度來觀察事情，若問我的感想，犯案聲明影片裡，那拿著握著小刀威嚇的恐怖份子，看到安倍總理的記者會，大概會覺得「傻眼」吧！

首先聽到「以尊重人命為第一優先」之時，肯定心想「所以是要付贖金囉！」。

接著又再聽到「絕不屈服於恐怖勢力」的發言，肯定會出現諸如「咦？原來沒打算付錢啊！」、「難道想以武力報復？」的念頭。

最後記者「有何打算？」的提問時，又只聽見「將盡全力解決」的籠統回答。我相信恐怖分子一定感到很苦惱，畢竟那樣的回覆，並非是符合邏輯的回答。既然要使其苦惱，安倍總理實在應該順道補上一句「我將順從阿拉真主的旨意安排」！

譬如「我會先回日本，請教阿拉真主的意見。我再以其意見來做出回覆，但不知阿拉真主何時會給予意見，所以沒辦法說何時能進行答覆」。如果是這麼說的話，對方或許會更加愕然，進而陷入極度混亂的心境當中。

外國人確實無法理解「日本人的邏輯」，但日本人不理解「外國人無法理解日本的人邏輯」，這才是令人感到傷腦筋的事。

「尊重人命」是對日本的發言，「絕不屈服於恐怖勢力」則是對歐美方面的喊話

安倍總理所說的「以尊重人命為第一優先」，這句話是對日本人的發言。如果透過媒體沒有向日本選民說那般內容的話，支持率就會下降，選舉也會打敗仗。因此他才會說「以尊重人命為第一優先」。

其次，「絕不屈服於恐怖勢力」這句話則是說給歐美各國聽的。用意在於向歐美國家們表達「日本不會向恐怖勢力低頭」的態度。

最後關於「具體上有何打算？」，也就是對於如何因應挾持人質的犯案者的問題，實際上沒有任何回答。

於是就不難臆測，日本政府會私下另循管道進行交涉，以求降低金額之類的可能作法，但是他的發言僅只於「將盡全力解決」，最關鍵的部分卻形同「答不出來」。我想那是因為首相真的沒有答案。

媒體異口同聲的「人道援助」的說法行得通嗎？

此外，關於兩億美金的金援，日本政府拼命地「要求」各方媒體報導「那其實是基於人道援助而提供的資金，並非是軍事資金」，看起來頗像是「藉如此發

言，以說服對方不要殺害人質」。

然而，他們已正確地掌握到安倍總理當時在埃及的發言，很難判斷如此說法是否真的能行得通。

軍事上後勤補給非常重要，因此「提供資金援助」幾乎等同於「一同協力作戰」。就我看來，對方十分清楚且正確地理解這層意義。

當時的日本媒體，以ＮＨＫ電視台為首，以及各家電視台與報社等等，均異口同聲地表示那是「人道援助」。縱然他們可能是認為「這麼做人質就能夠生還」，但我感覺「光是這樣恐怕無法奏效」。

那是因為需要「人道援助」的這一點上，「伊斯蘭國」也處於相同情況。

當時在「伊斯蘭國」已有數千人因轟炸行動而死，不僅是軍人，更多一般百姓因此喪命。因此，對方也可以主張「那針對這個部分，世界該如何補償我們？」

此外，日本以「人道援助」的名義撒錢的國家，不只是有大量伊拉克及敘利亞難民流入的國家，很明顯地還包括其他地方。難民流入情況最嚴重的要屬土耳其，並非是埃及或以色列。

或許大家以為高喊「人道援助」，聽起來就比較像「與軍事行動無關」，但我認為若能藉此名義而平撫事件確實了不起，但那做法未必能奏效。

也就是說，日本政府想要表達「金援與軍事無關」，但我認為「伊斯蘭國」那方恐怕無法理解。

「伊斯蘭國」如何看待安倍總理「巡訪中東四國」

就「伊斯蘭國」來說，現在最需要的就是金錢和軍事資金。

「伊斯蘭國」吸收了大量來自其他國家的士兵，他們最初都是以「薪水優渥」為賣點吸引人們前往。

然而，原油價格掉到一半，不僅如此，油田與鑽油井陸續被美軍等各國的轟炸給破壞殆盡，建築物及民生基礎建設亦受到嚴重損害。因此，他們真的很需要錢。

日本人質當中有一個人是記者（後藤健二），他的家中從二〇一四年末便開始收到郵件，要求支付十億、二十億日圓的贖金，此事也已傳到日本外務省。因此安倍總理前往中東之時，早已得知有兩位日本國民被綁架，他在如此情形下踏入中東，四處撒錢。

簡單來說，其用意也在於「日本束手無策，麻煩你們幾國幫忙想辦法」，可以推測此次出訪也包含這方面的交涉。

從這層意義上來看，此次事件並非全是偶然。日本人成為人質一事，日本政府在二〇一四年便已得知。因此，安倍總理才會安排中東之行並宣布金援。

然而，如此一來，就對立國家而言，此舉就意味著「支援反對勢力」。對此，我想日本政府還考慮得不夠周延。

總理與媒體均缺乏講述「價值判斷」的話語

對於日本政府的應對，至今我講述了許多意見，但日本政府的聲明還欠缺一點。

那就是「關於善惡的話語」，完全沒有發現關於這部分的話語。那亦可稱之為「價值判斷」，我沒有聽到任何一句「價值判斷」的話語。

這就是非常日本式作風的特徵。

美國、英國、法國、澳洲等等，這些對於「伊斯蘭國」轟炸的國家，正是從「善惡的眼光」判斷其「為惡」，因此才實行轟炸。

若從殺人這件事本身判斷「為善亦或為惡」，如果是單一個體的犯案，那即是「違反自然」，那麼便是惡。然而，那些國家判斷「伊斯蘭國」的行為「非屬正當，實為惡」，於是諸國群起轟炸制裁。那行為當中，蘊藏著某種「判斷」。

另一方面，「伊斯蘭國」則抱持著另一種理論，他們有他們自己的一套理論。（注：二〇一五年一月三十一日，對自稱是「伊斯蘭國」領導者的哈里發，

巴格達迪之本心進行靈查。參照《靈性採訪伊斯蘭國的「哈里發」巴格達迪（幸福科學出版發行）》

「伊拉克戰爭」、「阿拉伯之春」革命浪潮之後，勢力版圖逆向變化，在那之前站在優勢地位的人們，如今陷入十分嚴峻的境地，無處可歸。在如此狀態下，「伊斯蘭國」正試圖創建一個新的國家。

並且在穩固向心力之後，他們試圖將目標拓展至整個伊斯蘭文化圈，打算將非洲北部及歐洲南部，均納入版圖。

這可謂「戰國時代」般的想法。

先不談「伊斯蘭國」是否被外界承認是一個國家，但現況是他們抱持著前述心態，從世界各地吸收義勇軍前來。

因此，這方面的善惡判斷，確實是一個困難的問題。

日本這方傳達的訊息，內容一直在強調「我國對伊斯蘭沒有惡意」。

然而，伊斯蘭教國家實際上為數不少，即便彼此皆為伊斯蘭教國家，都還會爭戰對立，因此單憑「對伊斯蘭沒有惡意」的說法，實在不成理由。

此外，NHK電視台還播放過一段影片，內容是他們造訪日本境內的幾處清真寺（伊斯蘭教的禮拜堂），四處尋找會講日語的穆斯林（伊斯蘭教教徒），拍攝他們祈禱能夠盡快救出兩位人質的畫面，這實在是有些奇怪的作法。

要說哪裡奇怪，首先就是「住在日本的穆斯林們，已經非常日本化」。他們的想法已變得日本化，他們很清楚「在日本該怎麼說，才能為大眾接受」，也講述著符合那想法的話語。先不論他們是否知道實際情況為何，但他們知道怎麼表達才能為日本大眾接受。

類似如此做法，可以說日本媒體大抵站在同一陣線，在報導時盡量留意「不讓人們對執政者增加負面印象」、「小心不扯執政者的後腿」，但很遺憾地，在整體上欠缺了價值判斷的部份。

3 何謂「政治正確」？

決定「正義」的兩種思考方式

基於前述，若想再補足說明，就不得不觸及「正義」的問題。畢竟當我們思考「何為正確、何為錯誤」之時，不可或缺的就是「正義」的概念。

關於「正義」，世界上大致可以分成兩類。

其一為「正義乃是神的領域」，亦即「『是否為正義』由神來決定。那是神的領域，人類無法決定」之想法。如此想法在宗教國家當中特別深植人心。

另一種想法則跳脫了神的概念，認為「所謂的正義乃由人類透過民主主義決定，也就是以『人民投票選出之議員們在議會上表決之法律』為準而決定。違反『透過多數民意制定之法律』之事即非正義，實為惡。遵從法律的即為正義」。確實世間有如此想法。

除此之外，另有一種居於兩者之間，即便是民主主義國家，人類依舊需要忖量神的旨意，也就是同時揣度神的意志，推測「正義應是如此吧」的想法。

就像這樣，正義究竟屬於神的領域？還是應由人類決定？在這個問題上，有兩種兩種價值觀產生衝突。

伊斯蘭教徒認為「沒有所謂的伊斯蘭基本教義派」

只不過，這兩種想法都存在著問題。

譬如，「伊斯蘭國」的人們也跟其他伊斯蘭教徒一樣，採取「五體投地」的姿勢向阿拉獻上祈禱，他們的確也是伊斯蘭教徒。

然而，他們卻也同樣不明白「阿拉的想法」。

他們推測「神應該會這麼做」而採取行動。雖說著「正義是由神決定」，但實際上他們並不明白神的想法，逕自地認為「自己所想的事，應該就是神所思量的事」，進而付諸行動。

那般判斷其實蘊藏著一個假設，「那般想法是否符合神心」，未必能篤定回答。

另一方面，美國、英國等國持續對「伊斯蘭國」空襲，法國也不例外。法國在巴黎發生「報社恐怖攻擊事件」之後，更揚言要將派遣航空母艦，甚至連澳洲都加入了空襲的行列。

基督教文化圈，大抵將「伊斯蘭基本教義派」及「伊斯蘭激進派」斷定為「惡」，並區分出並未發展至那般狀態的伊斯蘭教徒，基本上他們即是抱持如此想法。

然而，從伊斯蘭教徒的角度來看，是不存在所謂的「伊斯蘭基本教義派」的。原本就沒有那樣的概念，每每提到「伊斯蘭基本教派」，伊斯蘭教徒們總是表露詫異。

如果被伊斯蘭教徒問道「什麼叫做伊斯蘭基本教派？」，若是回答「試圖於現代重新如實呈現穆罕默德時代的觀念與行動」，接著就會被反問「那樣有哪裡做錯了呢？」伊斯蘭教徒們認為「有哪裡不對了？那樣做不是挺好的嗎？

教義從來沒有改變，大家不是一直都朝向同樣的目標前進嗎？」

如果又問道「對於伊斯蘭激進派有何看法？」，得到的回應則為「不過就是『熱情且純粹』的表現而已吧！」

另一方面，歐美國家進行交易，或者是接受來自日本的金援，讓歐美的軍隊進駐的其他伊斯蘭教國家，這些國家在被稱為「基本教派」或「激進派」的人們眼中，「實在是對伊斯蘭的玷汙。他們屈己迎外，受到歐美文明或基督教文明的毒害」。

就像這樣，兩者之間想法上出現歧異。

「禁止女性接受教育」等作法，非為伊斯蘭教「教義」而是「文化形式」

其他還有不少以歐美觀念來看，容易搞錯的事。

譬如，法國法律禁止於公立學校等多公共場合穿戴頭巾。

歐美國家大多認為「伊斯蘭教限制女性必須穿戴頭巾，且不可接受教育，違反者更遭受到激進派及基本教義派的各種暴力對待」。

然而，那些限制並不存在於伊斯蘭的教義當中。教義並未規範「女性必須穿戴頭巾」，或者是「女性不可接受教育」等等。

那限制其實源自於「父權主義」（paternalism）。在「父權體制」之下，家庭當中由男性親屬、父親掌握所有權力。古老日本社會亦是如此，全家人的行動均受一家之主父親的意志所支配。

這是一種「文化形式」而非「教義」。

因此，揪住那些形式問題，而認定「伊斯蘭教是錯誤的」，其實是有失當之處的。

關於兩名人質的問題，應抱持「自負責任的原則」

綜前所述，關於對「正義」的探討，一旦涉及實際事件的判斷與認定，確實不乏許多難以明辨的部分。

例如先前提及的「人質事件」，當地的應變小組以及在日本國內不眠不休討論對策的人們實在值得同情，我推測他們無法說實話，那兩位人質實在是應該自己負起責任。

兩人當中的記者（後藤健二），在踏入「伊斯蘭國」之前，已事先錄好影像，自述「無論發生什麼狀況，我都自己負責。我不憎恨敘利亞人們，請別強壓敘利亞人負起責任」。他在進入「伊斯蘭國」時，很明白自己會面臨什麼樣的風險。

而另外一人（湯川遙菜）則是經營民間軍事公司，他是為了調查當地狀況而進入。

兩人都是因工作上的目的而進入伊斯蘭國，想當然他們應預想過自己有可能遭受綁架，所以在某種程度上應該自負責任。

既然如此，身為日本人，若不想給國家帶來困擾，縱然成為了人質，也應該維持堂而皇之的態度才對。

從這層意義上來看，若是兩人被綁匪下令「死前用日語講些什麼」，身為一介日本男兒，應該遵循「武士道精神」，說些應該說的話。

在這個人質事件上，實在曝露出太多日本人應以為恥的部分。責任歸屬應當如何？應該能被寬恕到何種程度？政府又該負起哪些責任？我認為這些方面似乎並未徹底釐清。

冀望日本人人質表達的「死前訊息」

美國或英國國籍的人質在被處決之前，都會被對方逼著說「這是美國政府的錯」或者「這是英國政府的責任」等等，接著才被殺掉。

發生「日本人人質事件」的時候，我當時心想若是兩個日本人被要求發表死前訊息，真希望他們能呼喊「希望自衛隊能來拯救我們」。

這是最有效果的作法，更能形成改變日本的巨大力量。我當下就想，兩位人質最好能呼喊「自衛隊的各位，你們為什麼沒來救我們呢？」若是他們能發出這樣的訊息那就太好了，並且或許安倍總理就會把兩億美金付了。

要改變輿論實在是非常困難。

若是按照歐美國家的思想，絕對會努力想辦法如何才能將人質救出。自衛隊麾下亦包含特種部隊，至少應將特種部隊人員送過去才是。若以歐美的思想，無論如何，至少都會派特殊部隊前往約旦或土耳其一帶。

基於對於北韓的提防，自衛隊從很久以前便開始進行，從高空利用降落傘落地救人的訓練。照理來說，日本應該要派遣自衛隊前去，但實際上卻未見一絲動靜。

說到底，縱然是主張修憲的安倍內閣，但他們在此時所做出的判斷，基本上和反對修憲派的人士無異。

若非「蘊含價值判斷的訊息」，否則不適用於國際社會

在這場「人質事件」中，日本政府的想法必須該更有邏輯。

「綁架之後以性命要脅、勒索贖金」，這樣的行為彷如「阿里巴巴與四十大盜」故事中的大盜，「無須和那般對手妥協」是理所當然的想法。

當然各國的想法會有不同之處，但僅止於「乞求饒命」是不行的，必須要做出價值判斷才行。

挾持事件剛發生時，身為總理，至少應對「伊斯蘭國」嚴正喊話「你們所做的事是錯誤的」等等，並且聲明「若是萬一日本人遭到殺害，今後日本將視『伊斯蘭國』為敵對國家，並強化跟世界各國的合作，一同行動」。也就是說要表態「你們要是處決日本人，我們會將該行為視同宣戰」。

若沒有發出這般「蘊含價值判斷的訊息」，否則就不適用於國際社會，只會流於意義不明、不知所云的發言。

「人命優先主義」，即是山本七平所述之「日本教」

日本人特有的想法當中，有著「人命教」的概念，也就是「無論如何最終仍回歸『人命優先主義』」的想法。

這就相當於山本七平所描述的「日本教」。「人命優先主義」在「日本教」當中佔有重要地位。（注：二〇一三年五月二十九日，收錄「山本七平的靈言」時，山本七平的靈敘述道「『人類的生命安全』，實乃日本教的核心」。參照

《公開靈言：山本七平的新日本人論—支配現代日本之「氛圍」的真面目》（幸福科學出版發行））

然而，不管是伊斯蘭教、猶太教、基督教，一神教當中其實沒有「人命優先主義」的概念。一神教普遍認為「神創造了人類，神有權對人類賞罰。神會在人類做對事時給予獎勵，在人類行惡時施予處罰」。

但是「日本教」裡卻沒有那樣的想法。

或許日本人以為「人命優先主義是共通於全世界的普遍性想法」。的確，美國遂行著「人權外交」。但還是必須要認識到「一神教的思想當中，人類之上還存在著神的概念」。

日本在此處和其他國家缺乏交集。

若是「停止價值判斷」也無所謂，但我認為該主張的還是得說，不該僅著重於金錢層面的問題。

安倍總理到中東四處撒錢並主張「此為人道援助」，藉此做為釋放人質的條件，那也無妨。但是我認為他仍應清楚表達「『伊斯蘭國』的行為是錯誤的，所以我會和其他各國協力」。

推斷「是否正當」的唯一方法

當我們要針對一件事情，判斷「正確亦或失當」，其實是非常困難的。不過，唯一有一個能用來推斷的方法。

那就是試著想像「若是發展到極致程度將會是如何」？

譬如，「『伊斯蘭國』的行為是否正當」，這非常難以判斷，此時就可試想「如果他們的勢力拓展至整個伊斯蘭文化圈，以及非洲及歐洲南部的話，情況會變成怎樣？」。

「伊斯蘭國」打算創建一個仿效鄂圖曼帝國一般的強盛國家，而我們可以思索看看「抱持那等態度的國家勢力擴大，是否能為全人類帶來幸福？」假使想像之後認為「如果真是如此，人類將變得比現在更加不幸」，那就必須立刻將其判斷為「錯誤的行為」。

如果他們的勢力擴張能帶動人類的幸福，那就還無所謂，反之則必須判定其為「錯誤」。

對於中國，我也是一直抱持如此看法。

或許在中國國內，一切似乎全在習近平主席的意志掌控之下，但是香港的人們在二〇一四年發動反政府遊行，利用「雨傘」進行抗爭，也就是所謂的「雨傘革命」。

當我試著思考「如果中國的想法擴展到全世界會是如何」，很明顯地「勢必將有大量的國民或民族陷入不幸」。因此，我才會說「應當反對中國擴展勢力」。

這是一種思考方式。

試著想像「世上的某種事物，若是有人開始仿效且加以擴張時，能否產生進一步的善？」藉此來判斷善惡實為重要。

美軍捨棄世界警察的職責，世界上的混亂情況隨之增加

歐巴馬總統下令全面撤軍，因此獲得了諾貝爾和平獎，但就結果來說，反而導致更多不確定因素，中東地區的混亂情況不減反增。

實際上，軍隊包括警察功能的一面，以及戮殺人命之暴力的一面。

各位必須知道，歐巴馬成為美國總統，美軍捨棄擔任世界警察的職責之後，世界的混亂狀況增加，進而讓死亡人數持續攀升。

美軍現僅進行轟炸，因為歐巴馬總統討厭地面作戰，那會導致美國人喪命，所以只進行遠距離轟炸。

然而，就「伊斯蘭國」來說，「他們用了我們沒有的武器，單方面地攻擊我們，根本就不公平」。

基本上，美國的中東政策，間接造成了「伊斯蘭國」的諸多問題。（注：二〇一五年十一月十三日，巴黎市中心的劇場、餐廳、位於市郊的體育館等地同時爆發恐怖攻擊，造成約一百三十位民眾喪生，傷者超過三百人。之後「伊斯蘭國」承認犯行。）

從前述的情況可以發現，在「正義論」方面，宗教當中「神之領域判定的正義」和「人類所建構的正義」，全世界在這兩者之間正進行著拔河拉扯。

4 何謂「經濟正確」？

並非追求「結果平等」，而是追求「機會平等」

接著我想談談針對「經濟問題」的正義論。

二〇一五年初，我曾談論過湯瑪斯．皮凱提（法國經濟學家）的話題。（二〇一五年一月十一日「《智慧之法》講義」）

他寫了一本類似馬克思《資本論》現代版的著作（《二十一世紀的資本》），提出「藉由提高累進稅率及課收高額的遺產稅，使財富分配趨於平均，即可改善世界上的社會狀況」之看法。這套說法與馬克思的《共產黨宣言》，幾乎如出一轍。

但希望各位知道，這當中有著非常大的問題。

我舉個例子簡單說明。

二〇一五年一月的大相撲初場所（每年例行舉辦，具備力士之升級審查性質的相撲比賽之「本場所」的一月場次）橫綱的白鵬關獲得優勝，創下個人最多優勝次數的紀錄。

一個人贏了三十三場之多，從「結果平等」的概念來看，人們可以認為「這十分不公平，太不像話了」。

或許有人會說「沒有必要讓一個人優勝三十三次。一次就夠了。拿過優勝的人，不該再有權取得勝利。下一回比賽該讓排名第二的人獲勝，以此類推，這樣不就能讓三十三個人都享受到勝利了嗎？這樣才叫做平等呀！」。

若是以「結果平等」的想法來看，就會出現如此解釋。

然而，那樣的世界「就是有些不對勁」，這一點我想各位都能察覺得到。

創造出三十三名傲然主張「我獲得了優勝」的人，乍看之下像是對整體人類施予了善，但總是顯得奇怪。

哪裡奇怪呢？問題就出於「個人的努力與精進，帶給了眾人喜悅，這一點並未獲得公平的評判」。這樣的狀況豈不是很奇怪嗎？

再換個例子來說，如果主張「鈴木一朗打出太多安打了，不該創下那麼多次的紀錄」，進而限制鈴木一朗打出安打的話，那不是很奇怪嗎？又或者「鈴木一朗的高薪會壓迫到其他隊員的薪水預算，所以應該拿他薪水一部份分配給二軍的人」，這種想法也很奇怪。

基於保障最低程度的生活水平，稍微做類似那樣的分配尚且無妨，但如果全面性都變成那樣的想法時，不管是棒球或相撲都將失去其有趣之處。

此外，在商場上其實也是你爭我奪的拉鋸與較勁。無人不是絞盡腦汁，汗流浹背地在努力。

因此，「機會平等」非常重要，這應當由法律加以保護。

就結果來看，多少會出現某種程度的差異，對於最低限度必須要拼命地加以保護。然而，當彼此之間的差距拉大到某個程度，也該虛心接受，抱持「祝福之心」，否則將難以提升整體的發展，這點不可不知。

如果沒有認識到這一點，終究會發生錯誤。

將「騎士道精神」轉化為文化習慣

現今世上有一位年僅二十歲左右，而年收入有二億六千萬日圓的女演員。

或許有人覺得「才二十歲就獲得二億六千萬日圓的巨額金錢，實在太不像話，應該壓低到一千萬日圓，其他全部分配出去」。

但人們應該想想，欲讓年收達到那般數字肯定非常辛苦，勢必要經歷激烈的競爭，從中受到眾人的肯定評價，才能爬到那般地位。也正因為有那般夢想，所以才有很多人努力以成為演員或藝人為目標。

若是說「白鵬關是蒙古人，不可讓他優勝」，那便是明顯的歧視，違背平等原則，不是一件好事。又例如主張「他雖然贏了十五次，但因為他是蒙古人，所以要扣掉五次」的差別規則，同樣也沒道理。

過去來自夏威夷的小錦關選手成績優異，卻未能拿到橫綱的稱號時，美國的「紐約時報」等媒體，刊載報導寫道「小錦沒能成為橫綱是因為種族歧視」。但小錦關在下一回的比賽成績低落，升級橫綱一事也隨之消失。

但是，出身於夏威夷的曙順利成為了橫綱，白鵬關也未因他蒙古人的身分，而遭受不公平待遇，這就是所謂的「機會平等」。縱然身為蒙古人，只要獲得優勝，自然能受到肯定，成為橫綱。

當然，在結果上會出現差異，這是如何都無法避免。但是若因此不去讚賞優勝之人的話，整體就會變得乏味，相撲這個運動就會消失。

這兩方面必須要加以留意，兼顧兩種概念始得促成發展，人們必須要知道這個道理。雖然有時必須要加以調整，但也不是所有事情平均化就好。

相撲力士在獲勝時，會拿到裝著獎金的袋子。據知白鵬關在獲勝之後，回到準備室就會將這些袋子分給他身邊諸多人員，例如協助他在口中含水（力水）、穿戴腰帶、洗澡時負責刷背等等人們，他都會把獎金分給那些人。

這即是本會所說的「騎士道精神」。做為橫綱而得到的諸多獎金，他都確實分配出去。

他把獎金分給他認定有功勞的對象，藉以表達感謝之意，那絕對不是一樁壞事。然而，若是主辦單位強制拿走所有獎金，分配給其他人的話，這即會人喪失爭取優勝的動力。

這也是本會強調「騎士道精神至關重要」的原因。我認為應當將如此精神，轉化為文化習慣。

讓人們平等地擁有成功的機會，為眾人打開通往成功大門、給予機會是非常重要的。但是，在結果上當然會出現差異，這即是資本主義的原理。

當差距拉得過大，對於那些感覺「賺太多」的人，就該以宗教觀點，推薦他們回饋社會，透過社會福利等途徑，將財富用於改善更多人的生活與環境。

當然，對於那些未能受到法律保障而受苦的人們，政府、地方公共團體、ＮＰＯ（非營利組織）等各種的團體，也應努力提供援助。

5 將「發展、繁榮的想法」從日本推廣到全世界

若是缺乏「智慧」，「矯正階級差距」並無益處

如同本章先前所述，所謂的「正確」包含「政治上的正確」及「經濟上的正確」兩個方面。

名為約翰．羅爾斯（一九二一—二〇〇二年）的美國政治學家以著有《正義論》一書而知名，他已過世十年以上，此人筆下的《正義論》，基本上認為「消滅階級差距始為正義」。

若套入現代的情況，即等於認為「約百分之一的人口坐擁世界一半的財富，這樣太沒道理了，應該拿這百分之一人口的財富，分配給其他人才對」。

然而，全世界的人口變得非常的多，就算把那百分之一分散出去，每人分配到的金額會變得很少。結果只會向在河裡倒酒一般，於事無補。此乃不爭的事實，所以還是必須要運用智慧，善用那部分的財富才對。

我無法認為單純的「矯正階級差距」即為正義，若是缺乏「智慧」，「矯正階級差距」不會有任何益處。

對於那些給予某種補助，就有辦法東山再起的人，就應當給予補助、賦予機會，我認為應當朝這方面努力。

同時，我認為若是無論如何工作，或者是不用工作，在結果上皆給予相同待遇，如果創造出如此共產主義的理想社會的話，那即是「人類的末日」。

給魚不如教導「如何釣魚」

本章內容有點哲學傾向，或許多少難以理解，但我是審慎地思索日本人的特性之後，期望盡力理出更多能從日本擴散到全世界的想法。

關於「何為正確」的議題，我希望能理出更加清晰合理的觀念，並且從中導出「發展、繁榮的想法」，並流傳至全世界。

我基本上認為與其給魚，不如教導「釣魚的方法」。無論給多少條魚，手上的魚終究會吃完，最終一條都不剩。但是若是教導「釣魚的方法」，學會的人，今後一生都能自己釣到魚。

基本上，我認為在這方面日本能對世界做出貢獻。

不過，對於「宗教的價值判斷上未蘊藏正義的概念」一事，日本人應深切反省檢討才對。

贈言集④

大眾媒體的「默殺權」將誤國

媒體素養的問題點之一，
即是媒體的「默殺權」。
沒人對這此提出質疑，
教科書與參考書亦不曾提及。

但是我認爲，
民主主義社會與大眾媒體的關係上，
最大的問題點，
即是媒體的「默殺權」。

也就是說，一旦被默殺，
實際上就等於不曾存在。
即便僅有四百位民眾集結，

高喊「反對戰爭法案」，
高揭布條、沿街遊行的樣子，
透過報刊的照片或電視的影像，
該場遊行的存在就此確定，也會感到國民持反對意見。
然而，縱然有幾千人持相反立場遊行抗議，
但電視與報紙均對該活動隻字不提的話，
那麼那場遊行就幾乎如同不曾發生。
媒體這般自由地行使這「默殺權」，
但未曾受過檢視。
「這家媒體默殺了何事？或默殺哪個部分？」
沒有人對此進行檢視。
這「默殺權」其實是巨大的權力。

譬如，閱讀多家報紙就能發現，
對於同一個事件，有的用上整版報導，
也有的只在後面的版面刊登小小的報導。

又或者是晚一天才刊登報導等等，
各家媒體有著各種各樣的報導手法。
又或者是刊登廣告，有些無法刊登，
有些是須修改內容之後才准刊登等等。
這方面的「媒體素養」，
有必要進一步地研究。
否則，將無法發展正確且健全的民主主義，
並且會導致誤國。

節錄自《正義的原理》Q&A

第4章

正義的原理

—對於「個人的正義」以及「國與國之間的正義」之思考方法

1 現代最為費解的「正義」議題

「個人的正義」大多靠法律判定

本章將針對「正義的原理」進行論述。

過去已講述過多個「原理系列」的主題（注：《幸福的原理》、《覺悟的原理》、《烏托邦的原理》（均由幸福科學出版發行）其中收錄了十大原理系列），但至今尚未以「正義的原理」為題講述。在某種意義上，這恐怕是現今最為複雜費解的議題。

觀看報紙的頭版報導、電視上代表性新聞，又或者是其他各式各樣的言論，要理解到「何為今日應有的正義之姿？」，著實困難。

當然，就狹義層面，之於個人生活的「正義」，通常各位會根據是否「違反了法律」，來加以判斷何為正義。古老宗教「來自神的教誨」當中，其實也蘊藏著許多相當於現今「刑法」或「民法」的內容。

以個人層面來說，譬如「勿殺生」，就相當於刑法的「殺人罪」，會處以重刑；「勿偷盜」則相當於「竊盜罪」等罪名。就像這樣，神的教誨也蘊藏於刑法當中。

除此之外，所謂的「民法」，就是以金錢來解決個人與個人之間的紛爭。

譬如，「自有地與相鄰產權之土地的分界線在哪裡」、「自己的土地所有權到何處為止、從何處開始便是對方的土地」等等，關於「土地所有權」的紛爭發生時，法院便會介入，藉由法律來加以判定。

或者是「結婚」的例子，本來那是一個肉眼看不見的無形契約，但是經由法律的認可，結婚便具備法律效力，而離婚時也同樣經由法律，便能取消結婚的契約。縱然那僅是白紙黑字的書寫，但是基於法律，那就會出現一定的效力。

就像這樣，在一般狀況下，「人民的生活均置於『受到多數國民支持的議員』所制定的法律之下」。並且，若是出現法律與世間普遍狀況不相應的情況，也能增加新的法律。

不過法律的規範依據不同國家而有差異，有些行為在部分國家有罪，在其他國家則可能無罪。

譬如，有些國家開始允許「同性之間的婚姻」，另一方面亦有國家並未認同。又或者關於迷幻藥、神經性毒品等等，部分國家嚴厲取締，也有國家是規範寬鬆。這方面的標準真是各有不同。

因此，縱然世間存在著「善惡交由法律判斷」的想法，但是法律又依國家或地區而有所不同。像美國那樣的國家，甚至各州的基準皆不同，連單一國家都不一定通行同樣的標準。

不過，就一般來看，還是可以說「可由法律決定大部分的事情」。

以「宗教原理」做為正義根據的中東地區撤核武問題

然而，不是個人的問題，而是層級更大的問題時，便會產生「價值觀對立」的狀況。譬如，「公司對公司」、「組織對組織」、「國家對國家」等等，均有可能於價值觀上出現矛盾。

我認為這些價值觀的對立，正是世界各種紛爭的起因。

譬如，二〇一五年五月，聯合國召開會議，討論從中東各國全面撤除核武的議題，最終因為美國及英國等國的反對，而不了了之。

以色列擁有核子武器是明確的事實。「人口不過一千萬人左右的以色列擁有核武，有能力攻擊阿拉伯諸國，但以色列周邊那些人口遠勝以色列的眾多阿拉伯國家卻不被允許持有核武」，面對這種情形，若問「其中正義的根由何在？」，我想任誰都很難給出適切解釋。

英美兩國支持以色列，為了不讓以色列崩潰而允許可以持有核武，這不難理解。然而，當我去思索其根由究竟何在時，怎麼想還是無法排除宗教角度的意圖。

世界各地的基督教國家，除了《新約聖經》之外，也普遍閱讀《舊約聖經》。在《舊約聖經》當中，收錄著以色列建國的歷史，以及輩出於當地的救世主及預言家等人物的教義。那些熟讀《舊約聖經》的人們來看，「無法忍受《新約聖經》之前出現之神的教誨就此消失，做為根源地的以色列這個國家應當留存」此般心境想必相當強烈。

另一方面，面對興起於基督教之後的伊斯蘭教，基督教國家並非不承認伊斯蘭教國家是一個社會或國家。然而，在其心態根流恐怕仍強烈認為「從宗教的原理來看，伊斯蘭教是中世紀惡魔的教義」。

當然，他們不會將如此想法說出口。在現代當中，若是高喊「伊斯蘭教是惡魔的教義！」，除了伊斯蘭教徒會感到憤怒之外，甚至恐怖攻擊行動會更頻繁地發生。這不只是日本，在基督教文化圈當中，也不可能大方說出這類想法。

然而，「基督教文明和伊斯蘭教文明」的爭鬥，經歷三度大規模的十字軍戰役仍未告終，恩怨一路延續至今。

並且，從基督教文明這頭來看，他們認為伊斯蘭教圈發動了眾多的恐怖攻擊，為了抑制那恐怖攻擊的根源，就不可讓伊斯蘭教國家擁有強大力量，任由伊斯蘭教國家保有核子武器，萬一他們用核武進行恐怖攻擊可就不得了了。

因此，英美兩國主張「准許以色列握有核武，但是阿拉伯諸國就不准」的做法，並試圖引導世界走向那樣的趨勢。

只不過，這其中必定包含著某種價值判斷，至少包含著文化面的價值判斷。而那判斷是否正確，著實有待商榷。

換個角度看，讓以色列自由擁有核武，難保不會衍生成「以色列能夠輕易地殺害週遭阿拉伯世界的數億人伊斯蘭教徒，但是阿拉伯的人們若是侵略以色列，就會立刻受到核武攻擊」之情況，因此可以說「那般想法實在是太單方面」。

對於猶太人的迫害蘊涵著「正義」嗎？

我們再從另一個角度觀察。例如，第二次世界大戰時，猶太人遭受希特勒的殘忍迫害，包含奧斯威辛集中營，據說期間有高達六百萬人遭到屠殺，著實非常悲慘。

然而，那般行為的背景可追溯至西元三〇年前後，耶穌受處決一事。其後約四十年，猶太人（當時尚稱猶大人）終究失去了自己的國家，被羅馬帝國所支配。其後直至以色列獨立建國為止，一千九百多年期間，猶太教徒們流散於世界各地。長達一千九百年間，失去國家的猶太教徒，如無根浮萍般漂泊各處。

此外，中世紀時期，諸如莎士比亞等等的故事所描述，猶太人因為金錢借貸等問題而普遍受到嫌惡。或許他們是基於「只有金錢或寶石可以仰賴」，而特別執著於金錢，導致他們不受歡迎。

一如前述，希特勒的行為實則包含中世紀歐洲的輿情殘根為背景，不僅如此，《新約聖經》裡還提到後述這般內容。

耶穌被送上十字架之時，同時將接受處決的人當中，包括一名犯下殘酷罪行的強盜。當羅馬總督表示「可以放過其中一個人」，聚集在廣場邊的猶太人由祭司領頭，群起放話「處決耶穌，無罪釋放殺人犯」，同時還說了「其責任由我們以及後代子孫承擔」。

《新約聖經》裡如此清楚描述，如果說「那道詛咒於兩千年後應驗」，亦可說有那麼一面。這是長久歷史當中既定的事實，所以實在有其難以評斷之處。處決耶穌之罪，相隔兩千年後猶太民族面臨償還的命運，不得不說也有這麼一面。

基於「耶穌的血債由我們償還」的主張，處決耶穌的責任不在羅馬帝國，反而是在以色列人民身上，若要說希特勒是利用了這個背景，也是說得通的。

針對現今的問題，判斷其「正義」十分困難

經歷諸多悲劇，基於「猶太人太可憐了，應當給他們一個國家」之念頭，歐美各國於第二次世界大戰結束後，協助以色列於中東部分區域建國。然而，

卻又衍生出以色列與阿拉伯世界各國之間的各種紛爭，進而引發多次中東地區的戰爭。

接續前述的背景，假如將歐美各國協助以色列的動機視為某種同情，「猶太人在希特勒政權下的戰爭中受到嚴重迫害，現在獲得自己的國家，且為了擁有足夠力量保護自己而特別被允許持有核子武器，這不是理所當然的嗎？」進而認為那些核武乃是「正當自我防衛」，或許也有點道理。

如果是使用相同的理論，對現今日本應該也說得通。

第二次世界大戰當中，被投下原子彈的國家唯有日本。就只有日本這個國家，被投擲了兩枚原子彈。因此，若是用先前的理論來解釋，也可以說「因為原子彈爆炸的非人道行為，高達二十萬的日本人瞬間喪命，這是人類不可為之暴行。因此，值得同情、受原子彈攻擊的日本，應該是唯一有資格持有核武的國家」。將適用於以色列的理論套用到日本，的確也可以這樣解釋。

然而，現今尚未演變到如此狀態。

此外，德國在希特勒政權時期侵略歐洲各地，至今仍懷抱著懺悔心境度日。如今的ＥＵ（歐盟）無庸置疑是以德國為核心，「贖罪的國家」坐鎮於最中心。

另一方面，太平洋圈亦是以成天在道歉的日本為中心。

面對現今中國的霸權主義，而深感威脅與恐懼的亞洲及大洋洲各國，所仰賴的對象即是日本，諸國寄望日本能成為遏止中國的盾牌。

同時，安倍首相正打算以五百五十億日圓，支援太平洋的各個島國，以加深彼此的關係。若是說明白一點，那是在推動各國的合縱防衛。換言之，即是以「島嶼防衛型」策略，對抗中國的「海上絲路戰略」。這看起來像是重現過去的大東亞共榮圈的概念。

一如前述，關於「正義的問題」，規模越大時就越加難以判斷。此外，關於歷史的問題，大多都是「歷史學家回顧過往進行判斷」的結果論，對於發生在當下或者是未來的可能發展，事前進行價值判斷是一件非常困難的事情。

2 從宗教立場上所看待的「正義」

「個人的正義」始於「身為神子、佛子的自覺」

本章想從「個人的正義」，談論至「國與國之間的正義」的問題，若是從宗教的立場來論述，首先還是應從「何謂之於個人的正義」開始說明。

如同我在《新日本國憲法範例》（幸福科學出版發行）的草案裡所提及，個人基於「身為神子或佛子的自覺」，透過各種方式努力自我實現，這即為「正義」。

反過來說，阻擋或抑制前述的努力，恐怕即是錯誤的。

目前在學校教育、大學或社會當中，唯物論的研究相當有進展，科學當中也包含不少唯物論成分，確實也發揮了有利於世人的作用。

譬如，新幹線及磁浮列車等等，若無唯物論方面的研究便無法進步，我無意否定這不爭的事實。

然而，若是那演變為否定靈性存在、靈界、佛神的單純思考，變成「非黑即白」、「非一即零」的想法的話，那就不得不指明那是錯誤的。

也就是說，現今的學校教育、大學教育，或者是社會人士的科學活動，全部都存在著明顯錯誤。

在那般錯誤的教育當中，人們進行研究、生活，任由唯物論浸染思想、信條，使得人們身為神子、佛子的自覺逐漸消失，又或者產生出「人僅是世間的存在」的想法。我認為這是非常恐怖的演變。

總而言之，阻礙「身為神子、佛子的自覺」，基本上是一種實現個人正義的一種妨害。

在某種意義上，創造出一種社會體制，讓人們能自覺於「自己雖以肉體活於世間，同時自己亦是靈性存在，並且天上界存在著高級諸靈，以及所謂的神佛。

而自己則是其孩子」，這才是正確的社會潮流。

近代的政治原理始於「對摩尼教善惡二元論的否定」

順著這個角度，繼續說明下去，勢必得談論到近代的政治原理。簡要來說，問題大概始從康德（Immanuel Kant）的理論。

康德的哲學當中，包含相當於正義論的部分。然而，這位德國的哲學家否定摩尼教提倡的善惡二元論，論述基於理性判斷的「定言令式」，也就是主張「藉由人的自我意志判斷，選擇抱持『何種行為符合道德』的人生態度」，也就是「格律」；康德提出這樣的概念。

換言之，如此概念就等於「先不管神所決定的善惡想法，基於理性，自己採取別人仿效亦無妨的行動，這就是新的正義的應有之姿」。

這在「沒有神的時代背景」當中，是一種非常容易理解的想法。而他在那般想法當中，明確否定摩尼教的善惡二元論，但類似的善惡二元論，並不只存在於摩尼教。

基督教與摩尼教發生過戰爭是不爭的史實。

相對於基督教興起於西元一世紀，摩尼教則是活躍於西元兩百年到三百年的宗教。教祖在世期間，雖然一度成為世界宗教，後來受到基督教勢力的迫害，最終被摩尼教的源頭，波斯的瑣羅亞斯德教給徹底毀滅。

附帶一提，奧古斯丁（Aurelius Augustinus）所著的《懺悔錄》當中，寫到他自己從相信摩尼教，最後又轉回相信基督教的過程，我想康德的想法亦有受此影響。

然而，摩尼教提倡的善惡二元論，實際上也常見於其他宗教教義。佛教裡有善惡觀念，基督教裡同樣有善惡的分別，很多宗教都論述著善惡概念。

基本上，不教導善惡的宗教非常稀少。禪宗的某個派別或者是淨土真宗，雖然採取「善惡無法劃分，實乃一體兩面」的說法，但那是另一種意涵的說法，並非是無善惡之分。

「揚善止惡」，這是佛陀的基本思想，在宗教上亦得如此才行。

所以說，康德拒絕接受這般「來自天上界神佛的教義」，認為「在人類的世界當中，透過自身意志判斷的行為，將成為影響他人的格律」、「採取別人仿效亦無妨的行動即為正義」，這般理論成為了近代思想的出發點。

除此之外，洛克（John Locke）與盧梭（Jean-Jacques Rousseau）等思想家提倡的「社會契約論」之思想，帶動許多人認為「制定社會契約，讓眾人生活在特定束縛之下是正確的作法」。

換言之，在近代社會中，人們試圖將社會塑造成「沒有神佛存在也無所謂的社會」。

近代的政治改革是如何興起的？

前述之思想的抬頭，或許是起因於中世紀所發生的不公審判，或者是新教與舊教之間的宗教戰爭，亦或是教會過於干涉政事而引發諸多混亂等等，因而才會出現遠離神的旨意的潮流。

總之，哲學及科學之所以逐漸脫離宗教，起因於人們想要從教會當中逃離出來。康德對此應十分清楚，並且他也應該知道自己「砍下了神明的腦袋」。之後就發生了法國大革命。康德與盧梭等人的思想，造就了法國大革命，形成了近代政治改革的巨大潮流。

於此過程當中，當然亦多有裨益。「平等」與「自由」的概念為人們所知，每一個人均能被視為一個獨立個體，並做為國家的組成份子，或者是成為創造主權的主體。與過去相比，每一個人被賦予的責任、義務、能力、權力、權利等，均大幅提升。

在這層意義上的確是好事。但另一方面，卻遺忘了重要的道理，這即是以下我要談的嚴重問題。

現今「有溫度的正義」越漸薄弱

近代的哲學已不知什麼是神佛了。而科學亦豎立起「否定眼所不見的世界」的基本法則，並已持續了兩、三百年左右。

因此，宗教和文化人類學及考古學，漸漸地被歸類在一起。譬如從地下挖出人骨、壺器、石棺、石斧等物品時，考古學會去探討那些物品有何種意義，文化人類學則會去研究當時人們是如何生活，而宗教學的水平正是被認定為類似層級。

現今人們認為古代人均為落後的人種，現代人已發展到最高境界，所以「類似繩文時代的思想，已無必要加以回顧」的想法也越來越普及。

然而，被認為「有所進化」的二十世紀與二十一世紀的哲學等等，絕對落後於兩千多年以前的蘇格拉底與柏拉圖的時代。現今哲學已淪為文字遊戲或戲局式的論述，內容皆置換為符號及數學問題，並且和做人的人生態度變得完全無關。

就此看來，「人類真的有所進化嗎？」的問題，的確難以回答。

基於前述角度，我感覺到「有溫度的正義」似乎越來越薄弱了。

3 憲法論爭牽涉的「正義」觀念

學者們所言之「憲政主義」的錯誤

二〇一五年的日本，藉由反對沖繩的美軍基地從普天間遷移至邊野古之抗爭行動，以及沖繩縣知事發動的抗議運動等等，左派的反彈勢力越趨激進，其中日本憲法的問題徹底浮上檯面。

其問題的核心即是「憲法第九條」。

日本憲法第九條規定，日本放棄進行戰爭，簡單來說就是無法打仗。此外，也放棄設置陸海空三軍，也就是說放棄「以戰爭做為解決國際紛爭的手段」。實際上，這其中有著非常大的矛盾。

關於這個問題，憲法學家以及常見於報紙或電視的左派職業記者們為中心，頻頻強調「憲政主義」的重要。

那些人主張「基於憲政主義，天皇、首相以及其他大臣、官員、公務員等均受到約束。然而，現今藉由內閣的憲法解釋，制定了安保法案等等的各種法律，這太奇怪了」。

對此問題，我若是過於贅述，反而會讓讀者難以理解，況且各位讀者也並非全是法律專家，所以簡單來說，我認為其中出現了一個錯誤。

「不是以憲法來束縛國民」，而是「主權者的國民來制定憲法」

那麼，到底是哪裡出錯呢？

所謂「憲政主義」，即是制定憲法或法律等等，基於此來運作國家的政治。只不過，其中又存在著「君主立憲制」的概念，因此憲政主義同時維護君主立憲制。

簡單來說，君主制容易走向獨裁，而君主立憲制就能以憲法約束君主的權力範圍，清楚規定「可行之事」與「不可行之事」。

而日本的憲法即有著此一面向，日本憲法當中規定「天皇沒有權力干預國政」，與國事相關的行為亦有明確規範「除了這些之外都不能做」。因此，君主立憲制確實存在著一部份約束君主的憲法。

然而，「憲政主義」原本僅有著「樹立憲法」之意義，除了「樹立憲法以營運國家」之外，並無其他用意。因此，其中亦有著「憲政民主制」、「憲政民主主義」的意涵。

所謂的憲政民主主義，即是「制定憲法的民主主義」，除了日本以外，世界也有國家採行如此制度。在民主主義國家當中，同樣有制定憲法，採行憲政民主主義的國家。

那麼，如果是憲政民主主義，憲法能拘束民主主義嗎？做為有力一說，答案是「無法拘束」。

那是因為日本憲法具備著「國民主權」的原則，國民乃是國家的主權者，做為主權的發動，國民能制定憲法及法律。

也就是說，憲法等法律能夠透過民主主義的意志的力量而制定，根據憲法是無法全部約束所有民主主義。

憲法學者們將「憲政主義」與「法治」混為一談

此外，人們時常搞不清楚「憲政主義」與「法治」。以法律為基準判斷事物的「法治」觀念，易與「憲政主義」混淆，人們常將憲政主義視為「憲法治國」，以為「憲法支配著一切」。

縱然是身為專家的憲法學者們，也不乏將「憲政主義」，和「法治」一律通用，這其中存在著巨大的錯誤。

憲法的作用在於決定國家整體方向與想法，基本上有著「維護基本人權」的部分，以及「決定本國運作架構」的部分，而大部分國家都採取三權分立的架構。

簡要來說，憲法有著維護國民權利的部分，以及「決定統治的原理」的兩部分構成。

然而，憲法難免字面抽象，條文數量也少，無法規範到細節。因此，憲法本身理當因應時代的需求追加解釋，或是樹立具體的法律。憲法有必要在這方面多少有所變遷才行。

我想憲法學者或許就是在這一點上搞混了。

有人認為憲法「一旦制定之後，就要像『摩西十誡』一樣，自始至終好好遵守才行」，但其實並非如此，依舊有解釋的餘地。

因此，對於「憲法不可有任何一絲更動」的想法，不得不說基本上就是錯誤的。

日本憲法本身已經「違憲」

反對修憲之人士普遍欠缺「主權的概念」，他們從根本上就缺乏「主權」的想法。

就這層意義上，現行之日本憲法本身其實已經違憲。

日本基於憲法第九條的規定，無法保持陸海空三軍武力，放棄以戰爭做為解決國際紛爭的手段。從字面上來看，就像是在說「日本這個國家，連防衛身為國家主權者的國民都辦不到」。

說穿了，憲法第九條本身已經違背國民主權原則，而反對修憲人士忽略了如此事實。該條憲法明顯違反了主權國家原則，對此必須要詳加思量才行。

就像這樣，現今「憲政主義」與「左派」幾乎被混為一談，但實際在運用「憲政主義」上出現了問題。此外，憲政主義的意義在於「制定憲法以營運國家」，與「法治」的意義並不相同。

4 「法治主義」與「依法而治」的危險性

「法治主義」的反義詞為「德治主義」

「法治」與「法治主義」是非常相近的概念。世人普遍認為「法治國家是好事，法治主義也是好事」，但必須認識到所謂的法治主義，即是「透過法律而支配」的想法。

這就有如學校的校規，縱然「校規上如此規定」，但常常會出現各式各樣的問題，根據不同的狀況，必須還要加上校長、訓導主任或其他教職員們的判斷。也就是說，必須要去判斷「該當行為是否違反了校規」。

同理，法治主義並非萬能，實際上，法律不可能涵蓋到所有事情。

更進一步地說，「法治主義」這個詞，其實是做為「德治主義」的反義詞而被創造出來，人們先否定了德治主義，進而出現了法治主義。

然而，我經常論述到「德治主義其實也很重要」。

的確，聖德太子的憲法十七條是德治主義，或許有人認為那並非是憲法，也非法律。然而，在近代當中，林肯亦抱持著許多德治主義的想法。

不僅如此，美國憲法裡亦能找到「做為神所創造之人的使命」之概念，美國憲法蘊含著德治主義的想法。

然而，只有學習到表面，認為機械文明或機器人的理性就足以規範世間，或者是就能足以規定人類生活，抱持如此想法的人充斥於世間的話，這個世界會變成怎樣呢？若是讓那樣子的人去營運國家的話，很遺憾地，即會出現沒有溫度的人間生活。

「法治主義」無限上綱有其危險性

一般來說，法治主義也不是壞事，就跟交通規則一樣，必須予以遵守才行，若是不當一回事，那就麻煩了。

然而，若是一不小心，就有可能反倒將人束縛，甚至毀掉一個人、使人不幸。其分寸的拿捏實為困難。

舉例來說，中國的習近平國家主席提倡法家思想，認為「制定出來的法律即為萬能，足以統治萬事」。並且以《韓非子》一書作者的韓非，以及運用法家思想建國的商鞅為本，營運著國家。

然而，這個商鞅也因為自己所制定的法律被處刑。法律被推至高於立法者的優先地位，因為法律，立法者自己被處刑喪命。

日本在明治時代也發生過相同的狀況。確實有過這樣的例子，所以必須得留意才行。

當然，由獨裁者主導制定法律的情況下，也會發生那樣的情形，如果是國民做為主權者制定法律，若是因為違法，全體國民都受到處決的話，那就麻煩了。若真是如此，就必須要改變法律才行。

在這層意義上，法治主義無限上綱是不行的。

若是規範自由的法律增加，人類生活將變得不便

此外，一般來說「依法而治」也並非壞事。

法律最好的一面在於有著警告的用意，譬如「若是做出這種行為，就算犯法喔」、「會被罰錢喔」，或者是和他人發生權利紛爭時，法律預先訂立了一個標準，讓人們可以知道「基於民法規定，這樣做在法律上站不住腳喔」。

在這層意義上，法律在預防紛爭上的確非常管用，但我不認為所有事情都能靠法律解決。

特別是國會每年都在制定新的法律，因此，現在的六法全書的厚度，比我學生時期的厚度增加了不少，已經到了無法隨身攜帶的厚度。其厚度讓人感覺讀不完，彷彿是一本百科全書似地，我不免擔心起來「世上真有人能把這些全都記熟嗎？」。

就像這樣，縱然制定了諸多新的法律，已不再需要的法律，必須要廢止掉才行。但是除了限時法之外，其他法律很難加以廢除。因而造成法條持續增生，實在是讓人傷腦筋。

如同我常說的，稅負越低才好，法律也是越精簡越好，因為法律會把人給拘束住。

經濟學家海耶克曾說過「法律就像一根柱子，人們不可撞上這根柱子，但只要在不會撞到柱子的範圍內，也就是在合法範圍內，人可以自由行動」。

也就是說，為了保障自由功能的法律是無妨，但若是限制自由的法律持續增加的話，人類的生活將會變得非常不便，這當然不會是一件好事。

不可為了保全法律而毀滅人民

我無意否定近代國家以法為治的做法，但法律並非萬能，這也是事實。

此外，國際機關會根據國際法做出許多判斷，但若是其執行力沒有擔保的話，事實上就會出現不肯聽話的國家。

在這層意義上，國際機關還是必須抱持著勇氣做出決斷才行。

安倍內閣向國會提出的安保相關法案（注：二〇一五年九月十九日，包括認可行使集體自衛權之條款的安保相關法案，於日本參議院院會中通過表決並成立），就左派人士來看那等同於「戰爭法案」，他們主張在形式上「應先修正憲法第九條之後才能執行」，的確其論點是符合邏輯的。然而，通過安保相關法案，其作用其實不外乎就是整頓法律，安倍政府試圖創造一個即便修憲失敗，亦有辦法保護國家的體制。

當然，憲法也是國家形式的一部分，但是對於立法權之根本的國民，其生命、安全、財產上受到實質侵犯之狀況時，就不得不對憲法提出異議或加以變更。這在某種意義上，國民擁有著「革命權」或「國家緊急權」。

例如，當發生「所有人都將被關進奧斯威辛集中營並殺害」的情況，卻無計可施，這豈不是很沒道理嗎？所以我認為，為了顧全法律，卻讓人民毀滅是絕對不可行的。

無論如何，假使演變為「未能實現正道，反而讓非正義之事覆蓋世間」之狀況，或許就會出現天變地異的反作用力（參照《大地震預兆靈查》〔幸福科學出版發行〕），總之，身為人應當遂行之事，就該好好完成。

現今，中國似乎開始對日本採取較溫和的態度，但從中國試圖在南沙群島填埋珊瑚礁，以打造三千公尺等級的飛機跑道等行為可看出，中國有著侵略他國的明確意圖。

對此，美國正盡全力牽制，若是持續下去就會出現紛爭。因此，現在中國表現得比較靠日本這一邊。

就像這樣，對於某些國家還是必須要展示出力量才行，所以我們不應該把自己關在過去的思考框架當中。

5 對於世界「正義」的想法

世界當中對立的「兩大潮流」

明白點說，現今世界有兩大潮流形成對立的情況。

其一是以美國為中心的潮流，那即是強勢推展「民主主義」、「自由主義」、「基本人權」、「市場經濟」等想法的勢力，以及贊同那般想法的勢力。

另一則是「若是那般勢力擴展下去的話，將會影響自己國家的原則或做法」的勢力；這兩種勢力正相互衝撞當中。

譬如，有一些國家若是套用了「民主主義」，就會感到很傷腦筋。這些國家名稱雖然有「民主主義」或「人民某某國」，但實際情形卻全然不同。北韓與中國嘴上喊著「民主主義」，卻是「隨時可執行死刑的民主主義」，讓人感到不安。不能只有國名有民主兩字，並且，這些國家的「基本人權」觀念也很薄弱。

然而，縱然美國對這些國家批判，但他們也遭受到「反擊」。現今美國不時發生槍殺黑人的事件，歧視黑人的問題層出不窮，這也是美國必須反省的部分。

此外，若是了解美國的國際政治學，就會感覺到當中有著「民主主義國家不進行戰爭」之思考傾向。看來美國並不理解自己做什麼，卻在國際政治學教導「民主主義國家不打仗」。

換言之，美國現在所做的，全都是「自衛戰爭」，他們在世界上都是進行著自衛戰爭。就他們的想法來看，似乎不打仗才叫做民主主義。

雖然我們認為「那想法是錯的」，但美國不那麼想，或許美國已走到需要修正的地步。

另一方面，關於伊斯蘭文化圈，從「自由主義」、「民主主義」、「維護基本人權」的角度來看，和當事人所犯下的罪行相比，所受到的刑罰似乎有些過重，譬如切除右手、砍掉左腳，依序切掉四肢的狀況。

此外，伊斯蘭文化圈某個國家的公主，在英國與人談戀愛，回國之後就被埋在土裡，被人擲石頭致死。如此做法明顯過當。雖然這麼說像是在反對伊斯蘭文化，但我依認為那有些過頭了。伊斯蘭在「基本人權」方面，確實有改善的餘地。

不僅如此，關於「市場經濟」，如今連中國和俄羅斯都已轉向市場經濟。基本上如此潮流是無法逆轉的。

若不認同「有超越世俗的部分」便會產生錯誤

無論如何，請各位了解到，現今以美國為核心的潮流，正與另一個潮流相互衝撞。

基本上，我認為加入以美國為核心的潮流，較接近「善」且順應「正義」，然而該潮流當中尚有所欠缺。

那即是如同先前所述，「神與佛是存在的」、「人是靈性存在，並且是在世間進行著靈魂修行，人本來是存在於名為實在界的靈性世界當中」。若是將如此概念否定為古代的迷妄或迷信的話，那即是錯誤的。

例如，「只要能獲得世間幸福就滿足了」之想法，或許能與傑瑞米．邊沁（Jeremy Bentham）主張的「效益主義」連結。

附帶一提，雖然有些好笑，邊沁的相關著作之中曾經提到「幸福科學」的字眼。不只是現代，古早也有所謂的「幸福科學」。

邊沁是英國人，他所說的「幸福科學」，代表「幸福是能夠計算的」之意義。也就是說，「世間幸福的計算」，使用他所創造的算式，便能算出「如何才能獲得最多數人的最大幸福」。

因此，邊沁認為「能夠計算出幸福，即是幸福的科學」，在此所稱之「幸福科學」，即是用來增加「世間幸福總量」的計算方式。

然而，在這般想法當中，有著否定另一個世界存在的部分。促進世間的發展不是一件壞事，但若是不認同「有超越世俗的部分」便會產生錯誤

如果將「階級差距」消失，自由將徹底泯滅

邊沁的計算方法，主要是針對政治或經濟方面，他認為政治上是「一人一票」，經濟上則是「消彌階級差距」。

例如，有個說法認為「大部分國家當中，最富有的上位百分之十的財產總計，與最貧窮的下位百分之十的總計相比，大概出現了十倍的經濟階級差距。因此，致力縮小如此差距即為正義」。法國經濟學家湯瑪斯．皮凱提（Thomas Piketty）即是如此想法，寫下《正義論》的美國政治哲學家約翰．羅爾斯（John Rawls）亦是同樣看法。

然而，現實當中，階級差距是不可能徹底消除的。當階級差距消失殆盡時，自由將徹底泯滅，所以差距不會縮小至零。

當然，世間必須要有某種程度的社會福利措施，人類的基本生存權，或是用來支持人類生活的部分還是需要的。

只不過，若是觀看世界各國，國與國之間的貧富差距，有時已放大到一比一百的程度。如果認為「那實在是很可憐」，進而從那最貧窮國家接受與日本總人口相同的一億人移民，情況會變得如何？那麼一來，日本絕對會發生不得了的事情。

為了避免讓日本經濟急速衰退，在接受外國移民前，必須階段性地研究，了解新住民的教育水準，要安排他們從事什麼樣的工作等等。

「一人一票的平等」是否「公正」？

此外，在選舉方面，現今幾乎已完全實現「一人一票」原則。這在某種意義上，或許可謂之「平等」，但是否「公正」，就有值得商榷之處。

簡單來說，無論是諾貝爾獎學者、政治學家，亦或打工族，每個人都同樣擁有一票，沒有更多的力量，這有時會讓人難以釋懷。

例如，繳納高額稅金，有一半的收入都被課掉之人，或許會想高喊「好歹給我兩票吧！」如此心境應該不難理解，從公正的觀點來看，確實是能夠理解。

「國家用了我好幾千萬的稅金，這裡的自來水工程也用了我的稅金，這條路也是用我繳納的稅金鋪設的。但是，我和那些沒有工作的人一樣，都只能拿到一張選票，這不是很奇怪嗎？」他們或許會這麼認為吧！

我能夠理解那般心情，一人一票著實難稱之為「公正」，只能說在數量上是「平等」的。

除此之外，若是想讓經濟狀況達成徹底平等，那就會變成「社會主義經濟」，恐怕只有在軍事獨裁國家才有辦法成立。

因此，實際上難以達到真正的平等，就只能把處於下方之人拉起來才行。但是，若是過於大規模地提升底層水準，難保不會出現更多過度仰賴救濟金而喪志之人，連帶上層之人也跟著失去幹勁，整個國家就會走向衰退。這並非是樂見的狀況，因此對於想要努力前進的人們，幫忙開拓前方之路才好。

另一方面，對於那些急需救助的人們，除了提供某種程度的協助，並幫助他們重新站起才比較理想。

就這層意義上來說，實在有必要徹底思考有關「機會平等」的議題，至於「結果上的平等」，雖然階級差距過大是一個問題，但想徹底消除也是不可能的事。若沒有經濟上的成功，許多建設就得不到金錢的挹注，如此一來國家就會衰退、萎靡。

例如，英國就面臨如此狀況。由於工黨勢力強大，讓英國在第二次世界大戰之後的發展落後不少。第一次世界大戰結束時，英國還是世界最強國家，立於世界頂端，但現今卻被認為「依領域而定，可能比日本落後五十年」。

其理由十分明確，英國於第二次世界大戰之後，執政權由保守黨與工黨反覆輪替，政治體制紛亂失序，連帶經濟也被拖垮，各國應當以此為鑑。

「個人的正義」與「全體的正義」

總的來說，若能構築出一個世界，促進每個個人覺醒於「自身是身為神佛之子」，這即是能稱為「個人的正義」。

另一方面，從全體來看，雖然有落後之人和進步之人，讓身處於各種狀態之人，朝向理想的烏托邦世界邁進，並創造一個能夠持續懷抱夢想的社會，是一件很重要的事。

此外，「對於積極的惡性行為，予以抑止」之想法，並非違反天上界的心念。對於「侵略性的攻擊」當然是應該避免，然而當人類的野蠻性尚未徹底剔除之前，「做為抑制作用的防衛」現今仍屬必要。

贈言集⑤

持續謀求「富涵正義的和平」

惡性思想的無神論及唯物論，
絕對不可被應用於政治原理或教育原理當中。
此外，在政治上提倡和平雖很重要，
但不可因此助長了惡勢力。
不可忘記「何爲正義」的觀點。
這「何爲正義」的觀點，
能讓世間減少惡行，增加善行。
這「正義」的想法，
具備著抑止惡魔於世間擴展勢力，進而教育他們的效果。
我認爲必須要提倡「富涵正義的和平」。
「屈服於惡勢力的和平」、「受惡勢力拉攏的和平」、「與惡勢力融合的和平」，
我認爲這些皆爲「奴隸性質的和平」。
當然，各個民族、國家都希望「能保護自己」、「能夠擁有自己的和平」。
但是在更高一層的地球規模上，

必須要持續檢視「何爲正義」、「何爲正確」、「何爲眞理」。
譬如，在遭受原子彈攻擊的廣島與長崎，
立誓「不再對人類做出如此行爲」，
並且表明「十分遺憾於投下了原子彈」，
進行如此聲明並非惡事，並且或許也應當如此。
然而於此同時，仍有國家至今持續製造核彈並試圖威脅他國，
不可因爲那般聲明，怯懦地對那些國家坐視不管，容忍其勢力的增長。
「原子彈的爆炸，導致無數人民陷入悲慘境地」，
若是過去的戰爭如此悲慘，
就應該對於那些試圖再次引發如此悲劇之人，
進行嚴格的批判。
那些準備想要做出新的戰爭行爲的人，
是沒有自由能批評他國的和平或歷史的。

在世界的層級上，
必須從展望未來的觀點，
經常思索「到底何爲正確」。

節錄自《釋迦的本心—政治篇》

第5章

人類史的大轉換

─日本成為世界領導者所必備之條件

1 現今最需之「智慧的力量」

於「第二十五回誕生慶典」的感觸

本章的內容源自二〇一五年「誕生慶典」上的法話，講述該演講的時間為七月七日晚間七點。許久未將「七、七、七」這數字串連起來，聽起來著實不錯。

「七」這個數字在天上界屬於「完成的數字」，亦為「勝利的數字」。因此，「七、七、七」除了代表誕生慶典之外，若是做為「世間勝利的數字」讓人們刻劃於己心，對我來說就再好不過了。

誕生慶典始於一九九一年，至本次法話已是第二十五次的慶典，但我請工作人員不要寫出這是第幾次的誕生慶典。

之所以這麼說，是基於我在心境上大約維持在差不四十歲左右，並且我對於世間的「退休年齡」感到不以為然。我不大喜歡每年年齡的增長，我認為不需要增長，維持現在這等年齡就可以了。

附帶一提，在天上界之中，年齡可藉由自己的意志設定，喜歡年輕樣貌的人就變成年輕樣貌，喜歡壯年的人就有著壯年的樣子，偏好長者模樣的人亦可維持那般樣貌。

的確，在這世間當中就變得不自由，僅能任由年紀漸漸增加，但我想要無視那年紀，盡量去做能做的事。

借助各方人士之力，向全人類弘法

稍早提到，此次是「第二十五回的誕生慶典」。今年同為幸福科學取得宗教法人資格的第二十五週年。雖然我拼命地努力，但綜觀今生我需遂行的使命，現今僅產出了微小的成果，對此我感到非常地抱歉。

至今我僅講述了兩千三百多次的講演，書籍僅出版了一千九百多本（計算至法話當時），我認為僅是如此，尚無法讓全人類得知真理。

除了日語之外，我那還不是很流利的英語程度僅能勉強講述法話，就和大部分的人一樣，越是學習英語，就越容易忘掉其他外語，所以學習的步伐很緩慢。很遺憾地，在我還在世間時，似乎無法親口向全世界的人們講述福音。

在這層意義上，我希望能借用各位的眾多力量，即便透過間接的方式亦無妨，將我講述的一部分內容，或者是其中重要的內容傳遞出去。

實際上，幸福科學現今正於世界各地快速擴張，遺憾的是支部或職員的數量趕不上實際需求。此外，因為文化和教育程度不同，教義亦無法充分地傳達。

甚至在傳達教義之前，人們尚處於低生活水平或戰亂當中，無法從中脫離，眾多世人的生活狀態導致他們無法學習高度的教義。

因此，即便今日的法話同時轉播至全世界，各地之程度能否跟上如此教義，彼此有著明顯的差異。

「構築出何等智慧」至關重要

現今，我雖然是以日本為中心進行講述，但希望日本的各位能認識到，自己比其他國家的人們懷著更加巨大的責任，我認為這就是我轉生在這個國家的意義。

日本國家的GDP在全世界當中排名第三，然而日本是否充分地具備擔任世界領導者的資格，或者是能否遂行相應的使命，均讓人十分懷疑。

就如以我自己的力量尚且不足，這個國家同樣缺乏力量。

這裡談的「力量」並非指力氣之意，而是「智慧」方面的意思。

世界之所以處於混沌、糾紛的狀態，源自於缺乏明確的智慧指引。具備明確智慧，即能做出判斷。有了適當的判斷，必定能解決問題。

因此，應當努力「形成何種智慧」是非常非常重要的事，這是我首先要提出的一個要點。

2 促成「觀點的重大轉換」的靈性革命

現今世上的兩大潮流

幸福科學首先從宗教改革、宗教革命方面開始展開活動，其活動的中心即是「靈性革命」。

若以簡單的話語來解釋，所謂的「靈性革命」，即是各位「於日常生活當中具備著『自己乃是靈性存在』的基本認知，審視自己做為人的生活進而度過每一天」的態度。

如此觀點上的重大轉換，正是做為人的生存之道的巨大變換。

現今世界存在著兩個巨大潮流。

其一，有一群人們認為，這個世界即是所有，只有這個物質的世界。

而另一個則是，亦有一群抱持著信仰心的人們，相信有佛神、天使、如來、菩薩，或者是高級神靈的存在。

這兩個巨大潮流，各個國家分處於不同的潮流當中。

那麼日本這個國家又是如何呢？很遺憾地，經歷七十年前的大東亞戰爭、第二次世界大戰的戰敗，縱然日本重振了經濟，但在精神面上卻遲遲未能充分確立。

我在戰後的第十一年（一九五六年）出生於這個國家。從這年數來看，可以明顯地看出我是為了日本的復興與繁榮而來，並且我希望從日本復興繁榮的潮流當中，向世界伸出拯救之手。

「大東亞戰爭」蘊含的真實意義

針對戰後七十年以來的歷史觀點，我必須講述我的看法。

現今輿論上以自虐史觀為主流，世人普遍認為「日本在戰爭中做了壞事，戰後的日本是基於反省而重新開始」。上一個世代的人們大致都有著如此想法，並且認為「戰後的七十年間，皆抱持著如此念頭才有現在的日本，今後也應維持這般想法」。

當然，反省不是一件壞事。但也不可否認，在那份反省當中，日本人過於自虐、使自己痛苦並且從負面看待事物，更缺少了積極利他的行為、心念，也不可否認日本長期抱持著一國和平主義。

從「小國的幸福論」的角度來看，或許並非壞事。

然而，從明治維新後經歷一百五十餘年的日本人的立場來看，或者是從有著連綿兩千數百年歷史的日本這個國家來看，不得不說這七十年間的自虐史觀，著實值得商榷。我認為日本具備著與國力相當的使命。

針對過去所發生的事實，現今要予以評判是非常困難的事，難免會出現各種意見，亦會挖掘出各種事證。

然而，我身為宗教家至今堅持著一點，那即是「先前的戰爭責任，並非是舊憲法上做為元首之天皇一個人的責任，亦不是無視於天皇而暴走的政治家或軍人的責任。日本神道的諸神明，明確地認為那是一場殖民地解放戰爭」這是我至今一貫的想法，除此之外沒有其他的看法，那場戰爭是依據那般想法而興起。

第二次世界大戰期間，三百萬的日本人身亡了，但那戰爭成為了戰後亞洲、非洲殖民地獨立的巨大力量。

對於日本來說，或許並非是完美的現實，但對於整個世界來說，的確衍生出更好的結果。

所謂的「和平」，各國看法不一

現今在日本的輿論沸騰，既往右又往左的搖擺。我無意責備傾向於任何一方的人們，對於無法感受到眾神意志的人們，我亦不認為「那些人是劣等之人」。

做為人活於世間，勢必得決定自己的想法，說起來實在是很困難的事。不管哪種想法既有長處亦有短處，既有優點亦有缺點，選擇要以哪種想法獲得結論是各自的自由，同時也是極為困難之事。

我並沒有要對哪種想法完全否定或者是完全肯定。然而，可以確定的是，日本必須要做出得以延續至未來的選擇，並且其行動將成為其他國家的範本，並對他們起到某種的引領效應。我認為這是現今日本被課予的使命。

近來，以執政黨自民黨為中心的安倍政權，正試著重新檢視戰後的安保條約。在國會進行議論時，國會沸騰，輿論和媒體也隨之沸騰。

我認為，出現各種意見是一件好事，並且我認為應當深入議論，以期做出不會後悔的結論。

然而，我必須在此強調一點。

「和平」一詞其實有著多種意義，對於「和平」的定義，有些國家和現今日本抱持相同看法。同時亦不乏部分國家認為「所謂的和平，即是為本國增進利益。不惜犧牲他國來增進國力」這點無法否認。

關於如此意見的差異，國際輿論自然需要深入議論才行。

但除了人世間的議論之外，也必須明白「天上界的眾神抱持著什麼樣的想法」。

在《大東亞戰爭的真相：印度帕爾法官的靈言》一書當中，那位非日本籍的帕爾法官，說出了連日本人都不會講出的話，除了非常難得之外，其內容更讓人感到惶恐。（注：帕爾法官表示「過去日本是東洋的盟主，應當成為世界的領導」。）

承蒙那般讚美褒獎，以日本人的民族性來說，或許反會感到緊張、退縮。實際上，日本人需要反省「原來過去日本人的精神層面是那麼高啊！」。

然而，現在我們能做的就是，著手探討「往後未來到底要開拓些什麼？」以及「要將往後的未來引領至哪一個方向？」。

3 解讀國際上的「價值觀對立」

世界強權美國今後面臨的窘局

譬如，九〇年代末期時，世間蔓延著一種想法「二十一世紀將是美國君臨天下的世紀，且往後百年以上，美國的領導地位不會改變，只要跟隨著超級大國美國，一切沒錯」。然而，在那之後僅十數年，美國的領導國地位已出現了各種變動。世界的國際動向錯綜複雜，總是很難徹底看透。

美國是否能繼續維持強權，我認為已走到嚴酷的局面。

歐巴馬總統在就職演說上談到了「平等」，並明指「平等對待同性戀者與異性戀者」。因此，當同性結婚立法通過時，全美視為「重大勝利」，白宮甚至裝設了七彩照明以表慶賀。

我同意「對於至今遭受歧視的人們來說，那的確不失為一道福音」，並且讓少數的人們不要再受苦下去，這非常重要。

只不過，從另一個層面來看，如日本神道的神明所言「當同性結婚的時代正式來臨，便將迎來文明的終焉」，我認為這在某種意義上亦屬真理。

維護少數人的權利固然重要，然而當轉變為主流時，分別以男女不同性別轉生於世間就變得沒有意義，傳宗接代亦失去意義，文明即會逐漸衰退，這般的變動是必然的趨勢。

此為今後美國出現的一個重大問題。

此外，美國是一個「槍枝社會」，平民百姓可持槍，四處發生殺人案，如此槍枝社會的問題，我們萬萬不可加以模仿。

美國還是一個毒品社會，毒品到處蔓延，或許美國社會充滿著高度競爭的壓力，但毒品如同香菸一般容易取得，這其中必定隱含某種不健全的心態。

此外，和方才的戰爭論相連結，美國尚存種族歧視的問題。種族歧視的想法仍根深蒂固於美國社會當中，就這方面來看，我認為美國的反省尚未結束。尤其針對種族歧視之歷史的反省，尚有努力空間。

因此，不能說美國是「先進國家」，所以什麼事都可模仿，其中有善事亦有惡事。過往歷史上，中國屬於先進國家時，日本亦對其文化懷有接受和不接受之分別。即便某種文化在某國廣擴，不代表也應該流傳至他國。

德國被迫彌補希臘財政危機所衍生的不滿

除此之外，觀看世界局勢，也能發現現今國際政治正處於非常困難的局面。譬如，希臘於二〇一五年七月陷入倒債的狀態，針對「是否應該退出歐盟」的議論不斷激化。

論希臘的經濟實力僅有日本二十四分之一。那是一種若是日本願意幫助，就能馬上得救的經濟規模，即便如此，希臘的問題仍在歐盟當中引起爭論。

為何出現爭論？那是因為「想法」出現歧異。

根據某位國際經濟學家的說法，「希臘的退休年齡為五十歲。國民從五十一歲開始直到身故，能夠持續領得退休時薪資水準的百分之七十五」（注：經濟學家長谷川慶太郎的說法。希臘的法定年齡為六十五歲，實際上於五十一歲至六十一歲之間提早退休的人佔了七成以上）退休之後還能維持不錯的生活水準，對國民來說自然是福音。

然而，那相當於年金的錢，卻是從歐盟其他成員國手上借來的，有很多國家對此無法忍受實屬難免。

其中最為不滿的是德國。德國絕大多數的人在六十歲退休，屆時能拿到的年金為薪水的百分之五十。也就是說，德國的國民比起希臘國民生涯多工作十年，但只能拿到薪資水準百分之五十，也難怪德國要抗議「德國人無法接受貸出那麼多無法回收的債務供養希臘人退休後的輕鬆生活」。現今歐盟內部正是為此爭論不休。

這想必不難理解。工作不怎麼勤奮的人能拿百分之七十五，且提早十年退休。多努力耕耘職涯十年的人卻只能拿百分之五十，同時還要救助其他國家。

這讓德國國民難以保持沉默，以德國為中心的歐盟同樣看不下去，因此各國要求希臘需財政樽節。然而，希臘人認為「如此一來生活就會惡化，我們不願意」。實際上現下希臘國內的失業率確實非常地高。

雙方僵持不下，價值觀形成對立。

財政緊縮導致失業者增加促使歐盟內部的分歧

現實中，歐洲的失業率很高，所以歐盟採取的財政緊縮對策，限制通貨、再造財政，就某個角度上來說，反而導致更多失業者的出現。

因此，縱然德國首相梅克爾主張財政緊縮，很遺憾地，其主張並非為主流的想法。她以前是東德出身的原子物理學家，在這一點上，她有著和菅直人相同的想法。

現今的希臘首相，主張著非常極端的話語。說穿了，梅克爾首相並不了解國際經濟。雙方都有著理由，但雙方都有問題。

因此歐盟這個組織現在出現了龜裂的情況。

中國的動向將促使今後國際間之分歧

對於希臘的問題，中國和俄國試圖援助，但這恐怕將進一步加速歐盟的分裂。世界又將一分為二的潮流由此而生。至於美國，當然是想要援助歐盟。

還有其他類似的例子。

譬如，菲律賓和越南，對於中國在南沙群島填礁建立軍事基地一事，感到非常緊張。

另一方面，泰國樹立了軍事政權，美國為此給予泰國非常嚴厲的經濟制裁。導致泰國向中國靠攏，正打算向中國購買三艘潛艇。

若是中國成功拉攏泰國，今後中國和菲律賓或越南出現紛爭之時，東南亞就不再是團結的狀態了。

「憲政主義」與「法治主義」實非萬能

而泰國旁的緬甸又是怎樣的狀況？緬甸亦採軍事政權（注：說法當時的情況。其後二〇一五年十一月八日的總統大選，翁山蘇姬率領的國民民主聯盟勝選，同時獲得過半數的議會席次，政權移轉成定局）並且這軍事政權為了不讓翁山蘇姬成為總統，在憲法當中添加新規定「與外國人結婚之人不能成為總統。和外國人之間有小孩之人不能成為總統。沒有軍人經歷的人不能成為總統」。

日本雖也主張憲政主義，但若是遵循憲政主義，翁山蘇姬就無法成為總統。

憲法就是有這樣的力量，憲法能新加入某項特定狀態之人不能成為總統的法條，這實在是很糟糕的發展。說到底，問題不是出在法律，而是出在制定法律的人身上。

中國基本上也是實行「法治主義」的國家，但中國在二〇一〇年施行了「國防動員法」，其後又在二〇一五年施行「國家安全法」。

其中明訂了中國的主權遍及香港、澳門和台灣，同時認定這些地方對中國有其義務與責任，此外還明文規定中國的主權遍及網路世界。

還有在中國國內建立工廠、商店和公司的外商，依法不可以做出違背中國主權的行為。舉例來說，當中國興起戰爭時，若是日系的公司表示反對或者日本政府表達反對立場的狀況下，該公司就有可能被國家查封沒收。中國現在就制定了這等內容的國內法，按照「法治主義」走，就可能發生那般情形。

所以說，「法律不是萬能的」。雖說是「憲政主義」、「法治主義」，但制定法律之人的頭腦僅止於一般平均程度。

4 成為世界的領導需要「宗教立國之精神」

「無神的民主主義」與「有神的民主主義」

本章至今論述了諸多世象，基本上我認為「必須要提升日本人整體的認識力，以及對於國際社會的認識力」。

幸福科學出版了眾多的靈言集，除了告知人們「靈性時代的來臨」，也教導人們「民主主義當中存在著『無神的民主主義』以及『有神的民主主義』。

而這般「有神的民主主義」能夠「真正地提高基本人權，並且能夠教導人們如何保障人權始得以更為靠近神」。

這即是「宗教立國」的意義。藉由更為提高憲法所保障的基本人權，努力於人生進行修行，進而讓自己更靠近神，而國家能對此有所保障，這即是「宗教立國的精神」。

日本經濟不同於希臘，無須擔憂「破產」問題

此外，關於日本的經濟亦不乏眾多問題點，不過日本國民基本有著一千七百兆日幣的個人資產。

雖說「日本扛著超過一千兆的負債」，但國民卻有著超過一千七百兆以上的金融資產，並且日本國債當中有百分之九十五均由日本國民自己持有。

在這層意義上，日本和希臘不同，不必擔心國家破產。

日本政府雖稱「各位國民正為後代子孫們留下債務」，或是時常提到「國

民的債務」、「人民的債務」等字眼，但如此說法其實有些謬誤。此乃「政府的債務」，國民對政府握有著債權。因此，不應該是「每一個國民平均有八百萬的債務」，而是「對於政府，每位國民擁有八百萬的債權，並且還有著更多的儲金」，這才是日本的真實狀況。

此外，從貿易上來看，日本是世界最大的債權國。日本亦超越中國，成為持有最多美國國債的國家。（注：二〇一五年二月底時）

所以現今日本不會出現經濟失速或者是暴落的狀況。

今後日本政府應「創造工作機會」

因此，在現今日本尚有餘裕之時，該做的事是什麼呢？當然不是借錢來填補債務缺口，日本不需要去做希臘正在做的事。希臘是向國外借款來營運國家，日本並不需要那種解決辦法。對於主張「日本會變得跟希臘一樣」的菅直人來說，大概是無法理解此道理，實際上日本不會走上希臘的路。

在國民以儲金購買國債、支撐住國家的這段期間，政府理應著手努力的即是創造新的工作機會。

政府必須讓國民不在六十歲便早早退休，而是提供人們最少能夠工作到七十五歲的社會環境與工作機會，那即是未來世界應該追尋的目標。

始於「宗教立國」，衷心期望各位能夠在這世間進行最良善的人生修行，圓滿達成靈魂修行，回到本來的世界。在靈界當中，成為更靠近神的存在，繼續引導世界各地的人們。

贈言集⑥

掌握到「到底何為真正的正道」

日本的媒體看起來是很自由地在進行報導，
但這日本的媒體也是良莠不齊的。
不是每個媒體都能得到神的祝福的，
兩者是區分得很清楚的。
那是當然的，因爲我們是善惡分明的。
如果媒體否定佛神的存在、否定靈魂、靈界，
進而壓抑言論的話，
那就等同於屈服於現在中國或北韓的政治體制。

我們是爲了實現宗教的眞理而展開各種活動，
同時也是實行「政治的自由」、「政治的權利」。
此外，我們也是爲了「在世間建設烏托邦世界」，
日以繼夜地努力。

在這過程中，絕對不可忘記的是
「在決定政策、判斷國家應走的方向時，
要深切地自省，從佛神的角度看那是正確的嗎？」
其答案我已經寫於眾多的書籍當中。

我要像全世界的人們說，
幸福科學會對那些違反正義之事提出異議。
或許其內容，
會與部分國家的政治、經濟體制，或者是信仰出現矛盾，
但是，人們要更成熟一點！
並且要好好掌握住到底什麼是正確的！
地球的未來，必定會朝我指明的方向開拓。
在確立這地球的正義之前，
我們絕對不會放棄！

節錄自《何謂地球規模的正義》

第6章

樹立神的正義

——現今世界所需之「至高神」的教義

1 世界的價值觀搖搖欲墜

「美國式的世界正義」已受到質疑

本章以「樹立神的正義」為題，現今世上有誰具備著能論述如此主題的資格，我不禁有所疑問。我在本章中，將盡可能地循序漸進闡述該當內容。

之所以我想講述如此主題，是因為我認為世界的價值觀開始出現搖擺。

一九九一年，蘇聯的解體被視為「自由主義陣營與社會主義陣營的對抗分出勝負」的結果，大多數人認為「今後，美國將以強勢國之姿引導全世界，以美國為主力的全球潮流將席捲世界」。

此般念頭於一九九〇年代四處蔓延，我亦調整了我原本的預測。

我原先預測「美國的地位將在二十一世紀前半期顯得危殆」，為應和當時世界的潮流，將其改替成「美國的霸權將持續於二十一世紀中，也就是還會維持一百年以上」（注：《黃金之法》初版（一九八七年八月發行）當中，預測「二〇〇〇年左右，世界中心的美國紐約將幾近毀滅性地喪失其功能」）。

然而，現在看來，似乎又發生了反向的擺盪，世界情勢似乎逐漸偏向原本的預測。

至不久前為止，若談到「世界的正義」亦或「神的正義」，大抵均以「美國基準」為正義，只要配合美國的標準，大抵不會有問題。

但是，現今美國基準開始變得詭異，我想今後各地會對於該基準提出各種異議或反駁。

判斷基準應為「最多數人的最大幸福」或「後代人們的幸福」

此外，關於世界整體的運作與經營，我也感覺到陸續發生著難解的問題。人類所建構的社會以及連同天變地異等地球環境的各種變動，現今出現相當大的變數。如果將天變地異單純地視為「神罰」的話，那麼世界各地都在遭受神的責罰。

在思索發生在人間社會中關於正義的問題上，「法律層面上的善與惡」以及「經濟層面上的善與惡」等想法，亦出現重大的變化。

特別是二〇一五年迎向戰後七十年的日本，在「國家的應有之姿為何？」、「何謂國家的正義？」、「世界的正義與國家的正義有何不同？」，「七十年前的日本所做的事，在世界史中該如何看待才正確？」等議題上，出現了各種各樣的論述。

當然，針對某一事物意見分歧時，每一種意見皆有其道理，並非「只有其中一種意見才是百分之百的正義，其他意見全無正義可言」。每一個意見，必定包含著某種道理。

做為現今時點的判斷基準之一，譬如有「欲達到最多數人的最大幸福，該如何做是好？」之想法。或者是判斷「何者正確，何者錯誤」之際，亦可思索「如此判斷在往後人類的存續上，能否維持正確的倫理基準？」之後，再做出判斷。

存在於民主主義當中兩相矛盾的想法

然而，現今雖已進入了以民主主義為主力的時代，但民主主義當中包含著相互矛盾的想法。

在小學時期能夠簡單學習到的民主主義，即是「多數決」，換言之就是「多數人支持的事情就是正確的」之概念。小學的各班級均基於此概念，選出班長與班級幹部，或者是決定園遊會的攤位主題等等。

只不過，民主主義當中尚存在著「維護少數派的權利或想法」、「需寬容對待抱持著不同想法之人」的想法。

也就是說，如果所謂的民主主義就是「單純比較哪邊的數字比較大，較大的那一方即為正確」的話，那麼前述的兩種看法就彼此矛盾了。

透過多數決，多數人的看法必定正確的話，難保不會變成「人口較多的大國，所做的事全都正確」。

然而，另一方面，如果內容蘊含著普遍性的真理，或者其目的有著高遠宏大的理想，即便那僅是少數人的想法，或者是僅是一個人的想法，其中仍有著必須要加以守護的真理。

2 日本對於第二次世界大戰的評價著實正當嗎？

亞洲各國紛紛喊話，認為日本未獲公平之回報

二〇一五年三月，我出了《帛琉群島貝里琉島守衛隊長—中川州男大佐的靈言》（幸福科學出版發行）一書。

翌月四月，日本天皇陛下前往帛琉群島，悼慰戰死於貝里琉島的一萬名日本士兵之靈。天皇陛下已高齡八十一，或許此事可能是他一直掛念的事。「無

論如何都得去一趟」，我想天皇陛下有著如此心情。

帛琉共和國已於一九九四年獨立，當時的總統（Kunio Nakamura）為日裔背景，父親是日本人。

他曾經表示「在聯合國中，美國或中國的一票，帛琉的一票皆為一票。我們的一票亦是一票」。

並且還說過「我們對於日本只有感謝的心念，日本何必謝罪至如此？何須此等態度卑微？為何表現出像是做了壞事的樣子？你們不就是為了保護我們而打仗的嗎？」

只不過，當時日本首相是社會黨的黨首村山富市，帛琉共和國獨立一周年的紀念儀式上，日本政府並未派人出席，現場自未揭示日本國旗，似乎總統為此感到非常遺憾。他還說過「我們相信日本是為了保全我們的繁榮而戰，對此我十分感激」。

中華人民共和國擁有十三億至十四億的國民，若從數字來看，或許人數多的看起來比較正確，但縱然是帛琉這般小國，其一票也是一票。

此外，印度及斯里蘭卡等地的人們也曾說過「若非日本挺身而戰，我們便無法獨立」。

不僅如此，於第二次世界大戰之後成為泰國首相的克立·巴莫，他還在擔任記者時，也曾寫過諸如這樣的話語「若沒有這日本的母親，說到底，亞洲的我們是無法獨立的」。

就像這樣，亞洲各國對於日本有著各種各樣感想，但卻未公平地獲得公開。縱然是早已過去的往昔事件，終究還是難以正當的評價。

我對於國際問題積極表達意見的用意

要正當地評價現今所發生的事情也很困難，對於未來的事情就更加困難。前幾天，我閱讀了一本關於國際政治學的書籍，做為編著者的代表人，在該書的一開始就寫道：「所謂的國際政治學，不須對時事問題進行解說，亦無必要為其做出結論。」

或許的確如此，但那種說法也是一種「逃避」。當國與國之間發生糾紛、戰爭之時，若研究該領域的專業人士，都無法提出指出「哪方正確，哪方錯誤」之意見的話，那麼一般普通人又怎麼能夠判斷呢？因此，我認為那是一種藉由學問之名的「逃避」。

如果是學習國際政治之人，就必須對於現今情勢或者未來發展提出意見，做為專家來說，必須得背負某種程度的風險才行。

然而，實際上有在發表相關言論的人，大多是不屬於任何組織的評論家。但是，他們雖然會發表各種各樣的意見，其影響力各異，但常常只會被視為「個人意見」。

簡單地說，基本只需對家人負責任的人們，縱然能夠自由地表達意見，但那意見會不會得到採納，就是媒體、政府單位或者是政治人物的自由裁量。

另一方面，我對於國際問題雖然也是積極地發言，但我與評論家或學者們不同的是，我認為我發言的內容伴隨著一定的責任。畢竟有許多人跟隨著我，相信我的意見，也有許多人以我的發言為準，進行許多政策判斷或行動判斷。

基於這層意義，我總是非常慎重，並且明白除了秉持慎重態度之外，同時不可以有逃避心態，絕對不可想要卸責。若是抱持著規避責任的心態，苟且於組織的安定穩當，那我就沒有必要創立幸福科學了。

幸福科學創立已三十年，以一個團體來說大致步入穩定的狀態，但有時仍會進行頗具風險的活動。就這層意義上來看，當然會碰到價值觀牴觸的情形。

然而，對於不同的見解或者是基於宗教價值觀做出的判斷，總是會出現需要我表達看法的時候，此時無論那想法會不會被大眾所接受，我該闡述意見的時候，我就一定會視其為義務，傳達必須傳達的內容。

我述說的內容能否被接納，也取決於信眾們的努力，即便不是信眾，周遭有多少人認為「那般意見其實是正當的」也有著關係。

縱然如此，我相信我的講話，對於日本的未來會給予一定程度的影響。

這世間並非是完美的，會有許多想法的差異、無法顧慮周全的部份，但我想要闡述做為最大公約數，抱持何種想法會比較好。

戰勝國無法改變的戰敗國之文化與宗教

特別是最近本會透過靈言等等，開始傳遞關於日本神道的教義，我感覺到已形成某種方向性。

當然，本會並非是站在基於國家神道的右翼立場，這點我想諸位都很明白。若是我們是國家神道的右翼立場，恐怕就不會對於基督教或伊斯蘭教有所好評，亦無須認同猶太教的特定教義，也不用對佛教或其他思想表現理解的態度。

實際上，本會十分認同「其他宗教也包含許多良善的思想，同時也具備著達成時代性使命、區域性使命的想法」，如此態度未曾變過。

在如此潮流當中，我們想要讓日本神道的價值觀復活。那是因為從世界的角度來看，現今世界對於日本的判定、判斷，有太多不合理的部份。

的確，於戰爭中取勝的那方擁有壓倒性的力量，能夠支配戰敗的另一方，但仍舊存在著哪些事能做、哪些事做了即是惡事的限度。

例如，一個國家固有的文化、傳統、宗教等等，與「在戰爭方面哪一方比較強」實在沒有關聯。那些是屬於該民族的特性，無法隨便改弦易轍。

譬如，英國雖然支配印度約一百五十年，但英國無法改變印度的宗教。雖然基督教在當地有所擴展，但是絕大多數的印度人仍舊信奉傳統的印度教，這是無法改變的事。

同理，日本在十六世紀接受歐洲傳教士入境，戰爭型態因槍砲技術的傳入而改變，日本也受到西洋文明的影響，甚至後來發生了大規模的明治維新運動。然而，從那時候至今，信奉基督教的人口比例仍維持在百分之一以下。

日本於明治時代認為西洋文化能帶來益處而予以接納，但是基督教仍未能浸染。甚至日本之後打了敗仗而受到短暫佔領，基督教依舊沒能深入滲透。

我想這代表著「基督教當中雖然有著正確的思想，但日本原本就具備可充分代替之的內涵」。

並且，「所謂可充分代替的內涵究竟為何」，這或許有著不明確之處，而現今幸福科學正試圖將其明朗化。

引發戰爭的「靈性背景」與「歷史興亡」

在宗教上，一神教的時代持續了兩千年至三千年左右，因此逐漸衍生出「一神教比較純粹，一神教以外的宗教均有所混濁，有所摻雜」之思考傾向。

然而，即便是一神教，如果其神明是關愛全人類的普世之神，那還無妨，但如果那神明是只保護某一個民族，並且還試圖讓其他民族也要信奉那神明的話，那就等於某個特定民族，能夠完全支配其他的民族。我認為這是不合理的。

關於此問題，幸福科學教導著人們「神明之間有等級之分，民族神即是其中一種等級」。

簡單來說，為特定國家的人民帶來豐足、富裕並予以正確引導的即是「民族神」，各種各樣的國家皆有著民族神。

並且，當中一些國家特別蓬勃發展，國力大幅提升，換言之，成為堪被稱為「列強」的國家增加到三個、四個、五個的時候，眾神明也會因為「哪種教義最能引領人類前往幸福的彼岸」，因而出現文化上的摩擦及競爭。最後當狀況發展超越某個限度時，便會出現戰爭。

人類過往的歷史當中，曾出現過多次大規模的戰爭。若著眼於戰爭本身，每一回的戰爭都很悲慘，戰爭一定都是悲慘的。不論從哪一方的角度來看，都是悲慘的結果。

然而，綜觀世界史，大規模的戰爭總會造成國家的興亡，也就是大國隨之興盛或是滅亡的情況。又或者是，至今立於支配地位的國家開始失勢，其他國家抬頭，帶動時代的演變。

縮小規模來看，我們所處的社會，當中各式各樣的公司，有時躍進般的發展，有時倒閉或被其他公司取代，這些情況都很常見，而世界各國的興亡也是基於類似的原理。

不過談到戰爭，影響最鉅的便是牽扯到人命，企業之間的競爭，則會引發失業等經濟層面的問題。當然，即便只是失業，人沒錢吃飯也會喪命，所以企業之間的競爭和人命也有相關。

不過從最近兩、三千年的世界潮流演變來看，當某國的力量壯大起來，彼此產生競爭後，就會演變為戰爭，這般狀況似乎仍無法輕易地避免。

舉例來說，越是軍備緊縮，其後就容易產生反彈，引發戰爭。

大抵上，軍備縮減源自於有力國家強行干涉弱小的國家，欲於軍事上加以箝制，好讓小國無力反抗。其結果就是，弱小的國家蓄積不滿之情，最終轉而採取軍事擴張政策。

在這層意義上，軍備縮減不一定全為善，其中包含著非常複雜的問題。

3 如何看待宗教之間對立戰爭？

「伊斯蘭教徒的增加」所代表的意義

至今我對於國際政治已進行了各種論述，在本節當中，我將從實際的國際政治與宗教這兩方面進行探討。

在思索宗教這個面向時，終究無法忽視伊斯蘭教方面的問題。這方面的情勢持續推移，想見今後仍將產生變化。其狀況瞬息萬變，很難以固定的單一想法概括，但我還是先講述我的結論。

據說現今全世界的伊斯蘭教信徒約有十六億人。查看過去舊一點書籍，會發現其中寫著「伊斯蘭教有十億名信徒」、「八億名信徒」等說法，可以肯定的是，人數一直在增加。

此外，伊斯蘭教廣佈於世界的貧窮階級間或是貧困的地區，或許有著取代過去的共產主義、社會主義運動的一面。

也就是說，伊斯蘭教在那些困苦、難以突破現實狀況、缺乏援手的群眾當中特別有影響力。

據稱基督教在全世界有二十億至二十二億的信徒，而伊斯蘭教的信徒人數也確實逐漸朝這個數字逼近。

關於基督教，先不論表面如何，但從歷史來說，內心當中大多是認為「伊斯蘭教是惡魔的教義」。

若是於世間當中，太過於強調自己與他人的不同之處，難免會讓人有那般想法。

然而，惡魔的教義是不可能廣佈至十幾億人的。

如果單看數字，猶太教徒僅有一千數百萬人，若是演變為「伊斯蘭教V.S猶太教」的情況，結果自然會是猶太教這方毀滅消逝。

另一方面，伊斯蘭教雖然被批評引發了眾多殘暴的恐怖事件，但信教的人數依舊持續增加，足見伊斯蘭教當中有著基督教價值觀未能看到的部分。

歐美各國男女紛紛加入「伊斯蘭國」義勇軍的理由

譬如，關於伊斯蘭教讓人感到最為邪惡的，恐怕就是「伊斯蘭國」的問題。有六十個以上的國家協力牽制，試圖加以殲滅。但一旦正式開戰之後，就得一路打至分出勝負為止，現今只能暫且靜觀其變。

沒人曉得這個「伊斯蘭國」是否具備著可以停戰的體系。如果變成單純的游擊戰，或許就沒有所謂的停戰可言。

然而，無法否認的是，即便是這般的「伊斯蘭國」，根據以往「News Week」等雜誌的報導，歐美各國統計起來，至少有三千五百人十分認同且深表支持。其中兩千五百人更投身於「伊斯蘭國」擔任士兵。那三千五百人當中，女性占了兩成。

畢竟那是基督教文化圈的雜誌，我想實際數字不會比報導的數字還少，應該是更多才對。

我們所接觸到的報導說到，就算是被那般抨擊的恐怖組織，都還是有那麼多人從世界各地投奔成為義勇軍，可見當中存在著足以吸引那些人的原因。

歸根究柢，恐怕是基督教文化圈的國家，對伊拉克、伊朗，阿富汗等伊斯蘭教國家的蹂躪過程當中，他們感受到有不合理之處吧！

這方面的想法不可不加以正視。

即便僅是三千五百人，但這些人奔走異鄉協助「伊斯蘭國」，其背後的支持者，至少應有千倍以上的人數，絕對有三百五十萬人以上予以支持。

「遠渡半個地球，甚至是繞地球一周之遙，進而介入他國的文化，或者是干涉信仰不同宗教之人的生活，這到底能容許到何種程度？」，我認為這是一個需要思索的問題。

電影《美國狙擊手》描繪的兩位英雄

前一陣子，美國有一部獲頒奧斯卡金像獎（最佳音效剪輯）的賣座電影，名為《美國狙擊手》（二〇一四年十二月於美國上映）。電影描述一個真實存在的人物，四度參加伊拉克戰爭，成功狙擊一百六十人以上的故事。

電影的主角在美國被奉為「英雄」，從軍之前是一位獵人，參戰期間擔任狙擊手，能從一千公尺以上的距離成功狙擊目標。

另一方面，伊拉克這頭，也就是後來成為「伊斯蘭國」的組織裡，也有一位敘利亞出身的狙擊手。他曾參加奧運射擊項目拿下金牌，同樣能在一千公尺之外狙擊目標。

要從如此遠距離成功射中目標十分困難，主角的美國狙擊手與敵方的狙擊手在戰場上多次對峙，最終主角從一千九百公尺之遙成功狙殺敵人。

基於此般事蹟，主角被視為英雄。他雖然出征伊拉克四次之多，在家庭當中仍是一個溫柔的好爸爸。

然而，之後他回到美國國內，被他人以「可否教導我射擊技巧」之理由邀約外出，但卻被同為美國人給槍殺，此事發生在二〇一三年。

後來國家基於對英雄的尊崇，為他舉辦國葬及喪禮隊伍遊行。實際上他並非戰死沙場，而是被謀殺死在國內。

這實在是一個複雜的狀況。

在打仗的時候，單槍匹馬地狙殺敵方一百六十人，自然此人是「英雄」。但是換了另一個立場，也就是從伊拉克這頭來看，在伊拉克對美軍進行攻擊的人們，即便是透過游擊戰的方式，但對伊拉克來說皆是一種防衛。換言之，他們保衛國土、國民、家庭，所以從伊拉克的角度來看，那些人才是「英雄」。

關於這兩方面的「英雄」，很難做出是非判斷。以對方的立場來看，遠從地球另一端前來殺害本國國民的外國人，實在很難稱之為「英雄」。並且，自己越是激烈抵抗，對方就越是激烈攻擊。最終，很多事情無法以力量加以解決，若是問題變得錯綜複雜，其價值觀就會出現變化。

伊斯蘭文化圈的激進派採取恐怖行動的理由

雖然常聽到「戰場上無道義可言」，但基本上我認為攻擊的一方所持之理由，若無法獲得世界的認同，那麼反方為了守護領土、國民、家庭而抗戰之人，不該將其歸類為惡。

譬如，對於動物來說最大的恐懼，想必是被敵人吃掉吧！自然界當中最恐怖的事情，就是被殺了之後吃掉吧！然而，那本身也是於世間進行靈魂修行的必經過程之一。

類似這樣的狀況，若是被攻擊的這一方，做出了壓倒性的野蠻行動，那自然是另當別論。但若非如此，而是因為某種程度的文化、思想、宗教的差異等等，就被單方面地被安上罪名的話，我認為就有些過分了。

「伊斯蘭國」的問題等等，似乎還會持續一段時間，但勢必得在某個階段停戰。並且對於那些無法接受現有體制的人們，特別遜尼派的人們，要賦予其自治權及居住權，藉此劃出一條線來；我認為這是有必要的。

我並不贊成「反對者皆須死」的想法。

此外，無論是遜尼派抑或什葉派，均信仰阿拉真主，也信奉阿拉透過穆罕默德降下的教義，儼然是一個宗教的宗派，所以無法完全對他們否定。

關於激進派的部分，那些超越尺度的行為的確過份，如果因此讓全世界人們認為「整個伊斯蘭文化圈，或是伊斯蘭教就是一個會興起恐怖攻擊的宗教」的話，那就是弊大於利。

當然，伊斯蘭的激進派在戰力上處於極度的劣勢，因此別無他法，這點我也是明白的。他們無法以戰機或航空母艦發動攻勢，只能透過那般游擊式的戰法，這我十分明白。

然而，看到孕婦穿著炸彈背心引爆、令小孩子抱著炸彈闖進商場、開車衝撞人群之類的事情一再發生，也難怪會被世人認為是「伊斯蘭教就是那樣的宗教」吧！

但是，原本穆罕默德的教義當中，並未有著那麼激進的內容。

4 日本該如何為世界和平貢獻？

電影《永遠的〇》所描繪之特攻隊非為恐怖攻擊的原因

附帶一提，有一說是主張伊斯蘭的激進派的恐怖攻擊，是模仿自日本的神風特攻隊，實際上或許那或許有某種程度的影響。

然而，當年日本的神風特攻隊，就如電影《永遠的〇》（二〇一三年於日本上映）及其原著小說之描述，並非是恐怖攻擊。

譬如，獲得日本奥斯卡男配角獎的演員（三浦春馬）所飾演的那位年輕人，在被朋友問到「特攻隊就是自殺式攻擊嘛！哪有什麼不一樣？」之時，他是這麼回答的。

「所謂的航空母艦，是搭載了很多戰機與轟炸機的殺戮武器。對於如此航空母艦，我方飛機載著炸彈衝撞，稱不上恐怖攻擊。這是戰爭行為，是『武器對武器』的對抗，跟恐怖攻擊不一樣，不能跟波及百姓的恐怖攻擊相提並論。」

然而，他的朋友並不認同他的說詞。我記得電影當中有著這一幕。

的確，在第二次世界大戰當中，日軍有許多「軍事之於軍事的對決」的一面，確實不算是「恐怖攻擊」。

願世人理解未棄沖繩於不顧的「大和之心」

關於神風特攻隊的做法，雖然有人認為那是「完全瘋狂」的行為，戰後也基於「採取了不顧後果的戰術」之理由而受到反彈。

然而，因為神風特攻隊的特攻戰機，以沖繩一戰為中心，至少擊沉或癱瘓了三百艘以上的美國艦艇，這亦是事實。因此，有一些電影描繪特攻戰機在空中就被擊落而白白喪命，那是不符事實的。讓三百艘以上的艦艇有所損害，這是非常不得了的戰果。

實際上，特攻戰機半途被擊落的大約佔了百分之五十，另外百分之五十直飛衝撞，而當中半數的百分之二十五，成功撞上敵艦。就像這樣，癱瘓了三百艘以上的敵艦。

此外，有一點希望沖繩人能夠知道，神風特攻隊當中有相當多的人是來自於日本本土。

不僅如此，另一部電影《男人們的大和／ＹＡＭＡＴＯ》（二〇〇五年於日本上映）也敘述了同一期間的光景。沖繩登陸作戰開始之時，大和戰艦從山口縣出發，沒有任何一艘護衛機隨行，單槍匹馬航向沖繩。當時日本軍訂了一套不留後路的戰術，「摧毀敵方的輸送船隊，且因燃料僅有單程份量，到達之後就靠到岸邊，化為砲台轟炸敵方艦艇」，最後在距離九州枕崎市兩百公里左右的海上，被敵方戰機投彈炸沉。

當時大和戰艦上乘載約三千人，這與美國世貿大樓發生恐怖攻擊時的死亡人數約差不多。

有這樣一群人，未能如願到達沖繩支援，在距離九州兩百公里處就隨著船艦一起沉入海底。

說到底，大和戰艦原本就抱著可能會被擊沉的準備而出擊。

沖繩有很多人認為「大和人（日本本土之人）不明白沖繩人的心情」，但我希望沖繩人能理解這事件當中的「大和之心」。「為了表明我們未棄沖繩於不顧，大和戰艦果敢赴死」，我希望人們務必對此能夠理解。

「未含道義的霸權主義」是錯誤的

此外，關於第二次世界大戰，有很多人認為，十幾二十年來日本把中國國內搞得烏煙瘴氣，日本是一個邪惡的帝國。或許人們也有抱持那般想法的權利。

然而，那並不代表現今的中華人民共和國，可以做以往日本做過的事。

當然，過去發生的事有其研究的價值，不過諸如「在南京大屠殺當中有三十萬人被殺害」或「強徵超過二十萬名婦女擔任從軍慰安婦」的說法，我已判定其為「造假」。（參照《南京大屠殺與慰安婦的真相——南京作戰司令官：松井石根將軍的靈言》、《「南京浩劫：被遺忘的大屠殺」中的隱秘—作者張純如的靈言》等書（均由幸福科學出版發行））

就算假設那些事情屬實，也不構成中國二十年來，每年增加一成以上軍事預算的理由。

中國那樣子的擴張軍事，意圖就是想要掌控包括夏威夷的亞洲地區。很明顯地，中國正在朝如此方向推進。

針對如此企圖，如果中國認為「日本過去也是如此侵略攻佔，所以沒有權利表達意見。閉上你們嘴，我們沒理由受你們批判」，那可就大錯特錯了。

「未含道義的霸權主義」是錯誤的。

特別是，到目前為止，習近平已逮捕、監禁、處刑了好幾萬名的共產黨幹部（注：二〇一五年的全國人民代表大會上，發表了約有五萬五千名公務員因貪汙等罪名而被起訴）。只要是有異議之人，就算是自己的同事，依然不留情地逐一肅清。

此外，看到香港的狀況也能明白，中國政府鎮壓那些欲推動自由民主化的人民。關於新疆維吾爾自治區的抗爭，有關當局公開表示「死者約百名」，但從維吾爾傳出的消息是實際上高達數千人遭到了屠殺。

諸如內蒙古、新疆維吾爾自治區、西藏這些受中國占領的地區，實有必要替他們建構一個能夠向世界傳達意見的體系。

日本應當加強防衛力並為世界和平貢獻

另外也看得出中國打算侵略尼泊爾，不過由於幸福科學的傳道在當地頗有進展，現今尼泊爾政權的毛澤東派已成少數方，被迫轉為守勢。

此外緬甸也正在努力避免與中國站到同一方，斯里蘭卡則是發現有中資投入軍港的建設案時，途中便將工程暫停，轉而尋求美國及日本的協助。

對此，或許是我的海外巡迴演講，起到了些許作用。（注：二〇一四年三月四日於尼泊爾以「Life and Death〔生與死〕」為題、二〇一一年十一月六日於斯里蘭卡以「The Power of New Enlightenment〔嶄新的覺悟力量〕」為題，進行了演講）

此外，澳洲也出現了變化。

我第一次巡錫澳洲時，當時澳洲首相的支持率高達百分之九十八，態度傾中，並且會講中文。

然而，從次任首相開始，便擔憂於本國資源受中國掌控，政策逐漸傾向日本，態度逐漸轉至防衛（注：於澳洲，二〇〇九年三月二十九日以「You Can Be the Person You Want to Become〔人得以成為自己所願之姿〕」為題，二〇一二年十月十四日以「Aspirations For the Future World〔邁向未來世界的遠大志向〕」為題，進行了演講〕。

這意味著日本在戰後的七十年之間是「亞洲的資優生」。

我認為日本具備足以防衛一國之防禦力量是正確之事，並且努力地說服世界各國，使其能運用至全世界，以為世界的和平做出貢獻。

人難免會犯錯，也會打敗仗。

但是藉由失敗，即能得到智慧。

不曾嘗過戰敗滋味的國家，或許不明白這個道理。因此，努力防止那方面的錯誤發生是很重要的。

5 超越宗教對立、民族對立

一神教有著詆毀其他宗教的傾向

那麼，要如何超越宗教之間的對立情形呢？

一神教將其他宗教皆視為邪教的想法，廣佈於這個世界。我認為那些判斷大多都是起因於無知，人們只會藉由自己的宗教所教導的教義思考，並不知道其實不需要對於其他宗教那麼責難。

即便是在教會擔任牧師的人，通常會被認為認識力比較高，但在傳道的時候，拼命地說「只有如此才能帶來救贖」，進而心胸越來越狹窄，最後演變成「只有耶穌能帶來救贖」。

就本會也是宗教的立場來說，十分明白會變成那種傾向的心情。

若非強調「只有透過教會才能獲得救贖」，否則難以吸引一般人進入。幸福科學雖未主張「只有透過本會的支部才能進到天上界」，但是隨著時間的經過，會漸漸出現講出那般話語的傾向，我十分明白這是在歷史的演變中會出現的心境。越是熱心投入的人，越容易產生那種心境。

這般熱心於弘法的心情，和伊斯蘭教徒也有著相似之處。

對於那些試圖剷除伊斯蘭教的人們，我也能夠明白他們抱持著「為保衛神的國度而戰」的心情。此外，「穆罕默德也以絕對的弱勢打了勝仗、創建國家，為世人建立了神的國度」，雖然這兩者的心境多少有些不同，但基本上是加以仿傚的吧！

佛教與日本神道認同「眾神」的存在，比較接近「至高神」的思想

另一方面，未被歸屬為一神教的佛教，教義當中出現眾多神明，基本上佛教認為「有眾神的存在，但是在眾神的上方，有著佛陀的存在」。從「佛陀居於眾神之上」的想法來說，比起一神教，佛教比較接近「至高神」的想法。

此外，日本神道當中，也有地位特別崇高的神明。有時候是指天御中主神，有時則是指天照大神。但總的來說，除了地位特別崇高的神明之外，還有其他許多神明進行著神的評定。換言之，日本神道從古代開始就開設了「國會」。

在這層意義上，那是一種非常具民主主義風格的宗教觀。只不過，眾神並非是坐在如現代國會一樣的座位上，而是齊聚於類似「河邊」的平坦處，進行對等的議論。如此具備民主主義風格的宗教觀，實在是非常稀罕。

就像這樣，日本神道的眾神有著許多與人類相似的地方。

藉由「正義」的觀點檢視猶太教時便會產生疑問

那麼猶太教又是如何呢？這部分就得從摩西的「出埃及」開始看起。

據說猶太人是在埃及當了約四百年的奴隸之後才「出埃及」。朝鮮半島受到日本統治約三十五年已經算很久了，而猶太人則是受統治長達四百年，實在是很驚人的數字。

從日本現代往回推四百年，可以越過整個明治時代，大概相當於江戶時代初期。也就是說大致是從德川家康建立江戶幕府的西元十七世紀左右，一直到今天的時間，猶太民族歷經了如此長時間的奴役生活。在如此背景之下，還能引導猶太人「出埃及」並建立自己的國家的神明，想必一定是充滿偏見吧！

這樣看來，猶太人惡口批評周遭人們的態度也是其來有自。為了建立理想的國度，摩西稱許那些長久為奴的人們「其實你們比其他人都更為優秀」，並讓他們產生自信，如此用意也並非是不明白。只不過若論「那教義是否正確」，就難免有些疑問了。

附帶一提，描繪「出埃及」始末的電影《出埃及記：天地王者》於二〇一五年一月於日本上映。過去已有諸如《十誡》等多部作品，敘述過「出埃及」的景象，但基於動畫技術的發達，電影中「摩西劈開紅海逃亡，追趕而來的拉美西斯二世連同軍隊被海水吞噬」的畫面著實有看頭。

不過，在我的著作當中則是寫到「摩西所受之迫害並非來自拉美西斯二世，而是來自於拉美西斯二世的兒子梅仁普塔」（參照《黃金之法》（中譯版華滋出版發行））。我認為摩西與梅仁普塔均由拉美西斯二世教養長大。

然而，好萊塢十分執著於拉美西斯二世，各種作品的描述總將迫害摩西的元兇，設定為拉美西斯二世。他是埃及史上國力最為強盛的法老，或許是很適合扮演敵人的角色。只是不曉得有什麼東西「作祟」，這部電影在日本乏人問津。

雖與史實有所不符，但與最強法老為敵，能讓摩西的義行看起來更為英勇，可能基於如此理由，才會維持那樣的設定吧！

從世界規模重新檢視「正義基準」的時期已到

至今，在各個時代當中，各個國家都是基於自身所屬之集團為中心進行判斷。以世界規模來思索事理是最近才有的概念，對此的確有其困難的一面。在過去交通不便、通訊不便的時代，要求人們「以世界規模來思考」，確實有些強人所難。就算是希特勒時代的歐洲，歐洲各國之間仍多少有點距離，或許還無法理解所謂的世界規模。

在這層意義上，現今終於進到了可以世界規模來思索事物的時期，「正義的基準」也從以民族為中心來判斷，漸漸地轉變為以全球的觀點來判斷。

此外，只以數字來考量的想法也有著問題。以人口數量來考量，或者是以無論國家大小都是「一國一票」的做法來考量，這兩者所呈現的結果是不同的，因此不可只以人口數來思索。到底「何為正確」，必須要徹底地追究才行。

關於「戰後的正義」，現今仍以「維持第二次世界大戰結束時戰勝國的體制即為正義」之想法為判斷基準，因此「第二次世界大戰之戰勝國創建之體制受到扭曲即為惡」的看法仍持續至今。

但是，即便當時是戰勝國並受到祝福，經歷七十年之久，即使是國家，也會發生變化。若是在這段期間，有些國家「變色」、「變質」，開始抱持著有可能讓他國不幸的心態，此時就需要一個足以產生牽制力量的國際運作體系。

例如，透過現有的聯合國體制來執行倒是無妨，不過問題是日本並未列席常任理事國。我想終究必須要讓日本加入，此為理所當然之事。

聯合國的常任理事國在亞洲只有中國一國，這十分不合理。考慮到統整亞洲諸國意見的力量，有必要讓日本參與。

另一方面，第二次世界大戰當中，美國蔑稱日本人為「黃猴子（Yellow Monkey）」或「阿本仔」（Jap），且用「像是在與惡魔對抗」的說詞，合理化自己殺日本人的行為。戰時的政治宣傳、媒體文宣等等多有過當之處，希望美國能對此多少做些反省。當然，在不破壞國與國關係的範圍內反省即可。

韓國對於日本的詆毀，顯示其仍未跳脫「民族意識」

談到與日本之間的關係，也必須提及韓國。

關於經營日韓關係，本就是日本需要努力一事，前一陣子的韓流風潮，讓日本對於韓國的接受度大幅提升。只不過，韓國的政治家「只要說日本的壞話，就能提高支持率」的風氣依在，動不動就想利用這方法博取人氣，人們被洗腦的程度頗為嚴重。

北韓已到了無法無天的境界，據說五年之後即能備足上百個核子彈頭，現今已到了必須要加以處理的地步。

韓國曾將日本產經新聞的前支局長起訴，並且禁止他從韓國出境，我認為韓國那番作為實在是有問題（注：二〇一四年八月，基於產經新聞刊載在網路上的一篇報導內容，韓國政府以對朴槿惠總統的毀謗罪名，起訴了產經新聞當時的首爾支局長，並禁止從韓國出境。二〇一五年十月十九日，首爾中央地方法院判處一年六個月的徒刑）。

如果僅是產經新聞一間報社，專題刊登貶抑韓國政府的內容，甚至違背當局的禁止令而發布的話，或許真的是有問題，但實際上，產經新聞刊出的內容，不過是韓國國內早有其他媒體刊登過之事件的追蹤報導，而政府卻將其視為「對總統的名譽毀謗」，禁止產經的支局長離境。

那篇報導的內容大致為「豪華郵輪翻覆導致多人喪命，韓國全國上下一片人心惶惶之時，總統的行程卻出現『不明的七個小時』。這段期間，總統究竟在做什麼呢？」在這篇報導之前，韓國國內已出現過「似乎是跟某人待在一起」的猜測報導。雖然沒有明說對象是不是情人，但產經新聞支局長不過追隨其他媒體刊登文章便遭到責難，甚至遭受起訴而無法出國。眼見如此事態發生，日本卻仍處於無法插手的狀態。

再加上從那一年的夏天開始，韓國國內一本創作小說引發熱烈討論且形成話題。問題點在於，該作品描述的是當年射殺伊藤博文的「英雄」安重根，轉生於現代，並試圖謀殺安倍首相的故事。

日本人就是不會對類似這樣的事情感到憤怒，算是十分罕見的國民。或許是因為政治家的生命本就有如螢火蟲一般稍縱即逝，所以才不會感覺到介意吧！

就像這樣，就算知道以「安重根重生並打算謀殺安倍首相」為主軸的小說大爆流行，日本這邊也不會提出任何責難聲明。而南韓那邊卻可以莫名其妙地逮捕一位，不過撰寫了韓國媒體早就報導過之內容的日本記者。

可以想見韓國仍基於過去的歷史而對日本懷有怨恨，我認為當中不乏「民族意識」作祟。

本章先前所提及的神風特攻隊當中，也包括了在日本從士官學校畢業的韓國人，他也同樣懷著榮譽心出擊。韓國並非是在第二次世界大戰中，與日本對戰而獨立的。所以我認為雙方都應抱持成熟的態度，彼此各退一步，好好地對話一番才是。

6 基於「神的正義」為全人類帶來幸福

分撰成《太陽之法》《黃金之法》《永遠之法》之「神的正義」

總的來說，最重要的還是「神所認定的『正義』的判斷基準何在」，基本上問題出於「歷史的演進」。

神從未意圖構思單調的歷史，只不過人類長期坐擁權力便會出現腐敗，人所創建的組織在超過一定的「使用年限」後，譬如經過一百年、兩百年、三百年之後，組織型態便會難以維持，或者是跟不上時代潮流，繼而就會引發革命。就像這樣，神基本上認為「每一個時代皆會發生變革」。

因此，若是想讓世界人們明白「何謂神的正義」，可讓人們理解《太陽之法》、《黃金之法》、《永遠之法》（中譯本皆為華滋出版發行）當中的思想。讀完這三本書，沒有困難到得耗上一輩子的時間。每個人閱讀的速度各有不同，但是花個一週或十天，大致都能夠讀完。

讀過這幾本書之後，自能理解到「神也有分階級，有思索具普遍性之地球規模正義的神明，亦有思索各個國家、民族的神明，或者是偶爾會有天使、預言者或救世主降世，興起宗教」。

也就是說，雖然各個宗教有著差異，但各個宗教都是基於時代背景，為了拯救該地區的人們而興起的。

然而，不同時代、不同地區的思想難免會有無法契合的部分，才會導致出現各種戰爭或衝突。我想要盡可能地消彌，因為相互缺乏理解而發生的戰爭、衝突。

在這層意義上，若是能讓世界的人們能理解到《太陽之法》、《黃金之法》、《永遠之法》所述說的思想，想必大家即能豁然開朗，明白「原來是這麼一回事！」。

在第二次世界大戰，「政教分離」產生負面效果

在第二次的世界大戰當中，就連同樣信奉基督教的國家也彼此興戰。譬如「美國對德國」、「德國對法國」或是「德國對英國」均彼此爭戰，而這些國家全都屬於基督教國家。大家都在神的名下，一邊祈禱說著「神啊！請原諒我。阿門」，一邊互相殘殺。這實在是極為不堪的狀況。

過去耶穌一席「神的事物當歸於神，凱撒的事物當歸於凱撒」之言，衍生成其後政教分離的思想。我認為或許這政教分離的思想，在第二次世界大戰當中，產生了負面的效果。

試想，若沒有政教分離的想法，好好地遵守耶穌的話語為政的話，會變成怎樣？縱然「外交是政治的延長」、「戰爭是外交的延長」，但是戰爭的時候必須得發揮基督教精神的話，或許就不會發生那般殘虐廝殺。

然而，因為政治和宗教分離開來，所以反倒有負面的效果。

「神的管理」凌駕各國宗教之上

伊斯蘭教與日本神道，很意外地在根源上很類似，有許多相通之處。雙方皆抱持著「由接近神明之人來治理國家是件好事」的想法。此外，雙方也存在著多位軍神。因此，伊斯蘭教與日本神道著實有相似之處。

關於日本神道與伊斯蘭教，或是猶太教相通的部分，我希望日後能漸漸地向世人揭示。

此外，亦不乏有許多人從基督教轉生為日本的宗教家的例子。人很難跨越國籍的限制，但是靈魂卻很意外地超越國籍，移動至世界的另一端。

打比方來說，若以公司的架構來看，有著各式各樣的部門、有強有弱。並且可以看出上層管理階層，努力為了讓公司營運地更為順利，會將人力投到某個部門，或將人員異動至某個部門。

從地球規模來看，「神的管理」亦會於人的轉生上發揮作用。

因此，我想說的是「神最大的願望，當然就是希望每個人都過幸福生活」。

至高神希冀「實現所有人的幸福」

有許多國際政治學家在討論「政治的原理」時，沿用基督教的比喻說明「一百隻羊當中的一隻在山谷間迷了路，優先帶回剩下九十九隻羊的做法就是『政治的原理』，縱身山谷拯救迷途羔羊的則是『宗教的原理』。」

但是，我所述說的宗教，多少有著不同的一面。我並沒有說「不惜扔下九十九隻羊，也要拯救一隻迷路的羊」，而是「雖然有必要考量迷路的一隻羊，同時也必須保護那九十九隻羊」，說起來有些貪心，但這即是我們的想法。

換言之，「追求最多數人的最大幸福的同時，難免有漏『網』之人，因此也得考慮到漏『網』的那些人。但也不可以漏『網』之人為中心，重新架構體系或做法。」

最近，法國的「皮凱提理論」認為「貧富差距增加了」，主張拉低所有水準，朝貧窮階級那一方靠近。然而，該想法即是馬克思主義，這樣只會讓世界變得越來越貧窮。整個世界都陷入窮困的話，就變得無法互相幫助，變得貧窮沒有任何好處。若是變得不富足，根本就不用談財富的分配了。

因此，絕對不可在基本想法上出錯。總之，不可為了「一隻羊」，而重新整頓整個理論。

馬克思主義抬頭的同時，宗教之所以會開始沒落的原因，是因為馬克思主義當中包含著一部份的「宗教的原理」。「弱者即是正確的」之思想，於政治上予以擴大的，即是馬克思主義。

但是，做為「統治的原理」，若是得不到多數的支持，終究難以統治或是經營。因此這道理也不容忽視，終究必須要妥善地考量雙方情形。

神盼望著「各個國家的繁榮」以及「共存於同一時代，互有關聯的國家能相互協調創造繁榮」。

若是因為想法的不同，進而發生對立、矛盾，引發激烈戰爭的話，那麼為了進行調整，使其和平的原理就會開始運作。例如，出現反對戰爭的人們，或者是光明的天使做為粉碎邪惡的勇者，身為政治家或軍人轉生於世間。

就像這樣，藉著各種各樣的形式，使那對立告終的原理就會有所運作。

因此，雖然有著所謂「最多人數的最大幸福」的功利主義的原理，但神希望「如果可以的話，並非是『最多人數』，而是想要實現『所有人的幸福』」。並且對於尚未實現的地方，神會時常派遣各種各樣的領導者於世間，以期實現。請各位要了解到，那般「神的管理」普及於地球規模。

幸福科學的理論即是在教導人們這番道理，如果這個理論能擴展至全世界，人們彼此的理解就能更加提升，並且能進一步思索到底應該要怎麼做。

另一方面，若有出現了某個國家，僅單方面地考慮自己國家的利益，並蹂躪他國的話，則不必多做考慮，必須努力縮減其勢力。

總而言之，為了跨越「與無神論或唯物論國家的對立」、「因宗教的差異而產生的憎恨」，幸福科學能持續做為一個能「跨越憎恨，汲取其愛」的宗教。

後記

我感覺到本書已超越了學問的領域。若以別的話語來形容，可說此書挑戰將神的啟示學問化。

本書超越了日本或國外知名學者的學識，也超越了總理或總統的認識，試著描繪從佛神的立場所見之世間應有的正義之姿。

不管如何，本書對於今日諸學問的感化力應十分巨大。

特別是對於未來世界的影響效果，應超出了想像。對於認為宗教僅是迷信或洗腦的人，我希望這些人自省於自己的無知、無學。那是因為，本書是「創造未來社會的ＤＮＡ」。

二〇一五年　十二月

幸福科學集團創始者兼總裁　大川隆法

國家圖書館出版品預行編目（CIP）資料

正義之法 / 大川隆法作 ; 幸福科學翻譯小組譯. -- 初版. -- 臺北市 : 九韵文化 ; 信實文化行銷, 2016.09

面； 公分. -- (What's Being)

ISBN 978-986-93548-0-6(精裝)

1.新興宗教 2.靈修

226.8　　105015231

What's Being

正義之法

作　　者　大川隆法
譯　　者　幸福科學翻譯小組
總 編 輯　許汝紘
美術編輯　楊佳霖
編　　輯　黃淑芬
執行企劃　劉文賢
發　　行　許麗雪
總　　監　黃可家
出　　版　信實文化行銷有限公司
地　　址　台北市松山區南京東路5段64號8樓之1
電　　話　（02）2749-1282
傳　　真　（02）3393-0564
網　　站　www.cultuspeak.com
讀者信箱　service@cultuspeak.com
劃撥帳號　50040687 信實文化行銷有限公司

印　　刷　上海印刷廠股份有限公司

總 經 銷　聯合發行股份有限公司
地　　址　新北市新店區寶橋路235巷6弄6號2樓
電　　話　（02）2917-8022

香港總經銷　聯合出版有限公司
地　　址　香港北角英皇道75-83號聯合出版大廈26樓
電　　話　（852）2503-2111

若想進一步了解本書作者大川隆法其他著作、法話等，請與「幸福科學」聯絡。
地址：台北市松山區敦化北路155巷89號
電話：02-2719-9377　電郵：taiwan@happy-science.org
FB：www.facebook.com/happysciencetaipei

2016 年 9 月 初版
定價：新台幣 380 元